Gustav Friedrich Waagen

Das Kaiserlich Königliche österreichische Museum und die Kunstgewerbeschule

Festschrift bei Gelegenheit der Weltausstellung in Wien

Gustav Friedrich Waagen

Das Kaiserlich Königliche österreichische Museum und die Kunstgewerbeschule
Festschrift bei Gelegenheit der Weltausstellung in Wien

ISBN/EAN: 9783741169762

Hergestellt in Europa, USA, Kanada, Australien, Japan

Cover: Foto ©Henning Hraban Ramm /pixelio.de

Manufactured and distributed by brebook publishing software
(www.brebook.com)

Gustav Friedrich Waagen

Das Kaiserlich Königliche österreichische Museum und die Kunstgewerbeschule

DAS

KAISERLICH-KÖNIGLICHE

ÖSTERREICHISCHE MUSEUM

UND DIE

KUNSTGEWERBESCHULE.

FESTSCHRIFT

BEI GELEGENHEIT DER WELTAUSSTELLUNG IN WIEN

MAI 1873.

WIEN, 1873.

WILHELM BRAUMÜLLER

K. K. HOF- UND UNIVERSITÄTSBUCHHÄNDLER.

DAS

KAISERLICH KÖNIGLICHE

ÖSTERREICHISCHE MUSEUM

UND DIE

KUNSTGEWERBESCHULE.

DAS

KAISERLICH KÖNIGLICHE

ÖSTERREICHISCHE MUSEUM

UND DIE

KUNSTGEWERBESCHULE.

FESTSCHRIFT

BEI GELEGENHEIT DER WELTAUSSTELLUNG IN WIEN

MAI 1873.

WIEN, 1873.

VERLAG DES ÖSTERREICHISCHEN MUSEUMS.

DRUCK VON J. C. FISCHER & C. MP.

IHREN

KAISERLICHEN HOHEITEN

DEM PROTECTOR DER WELTAUSSTELLUNG

HERRN ERZHERZOG CARL LUDWIG

UND

DEM PRÄSIDENTEN DER KAIS. COMMISSION

HERRN ERZHERZOG RAINER

EHRFURCHTSVOLL GEWIDMET.

VORWORT.

Die nachfolgenden Bogen enthalten den Versuch, die Organisation und das gemeinsame Wirken des Oesterreichischen Museums für Kunst und Industrie und der Tochteranstalt desselben, der Kunstgewerbeschule in Wien, übersichtlich darzustellen.

Den gleichen Zweck hat die gegenwärtig im Saale VI des Museumsgebäudes befindliche Ausstellung, für welche diese Schrift zugleich als Katalog dient.

Durch Veranstaltung dieser Ausstellung und Herausgabe der Festschrift wollten das Curatorium und die Direction des Museums zugleich die Theilnahme der beiden engverbundenen Institute an der Weltausstellung bethätigen.

Die Holzschnitt-Illustrationen geben theils hervorragende Kunstarbeiten aus den Sammlungen des Museums in treuer Aufnahme wieder, theils sind dieselben facsimilirte Copien nach Ornamentstichen, Initialen etc., welche sich in der Kupferstichsammlung der Anstalt befinden. Das Verzeichniss am Schlusse dieser Schrift liefert den Nachweis über die dargestellten Objecte, wie über die Künstler, welche in irgend einer Weise an der Ausführung der Abbildungen betheiligt gewesen sind.

Wien, im April 1873.

BRUNO BUCHER.

DAS

ÖSTERREICHISCHE MUSEUM

FÜR

KUNST UND INDUSTRIE.

INHALT.

I. Aufgabe und Organisation des Museums.

In dem Oesterreichischen Museum für Kunst und Industrie sollen die Hülfsmittel, welche Kunst und Wissenschaft den Kunstgewerben bieten, gesammelt und behufs der Förderung kunstgewerblicher Thätigkeit und der Hebung des Geschmacks überhaupt leicht benutzbar gemacht werden. (§. 1 der Statuten.)

Solche Hülfsmittel bestehen in mustergültigen Werken der Kunst oder des Kunstgewerbes aller Zeiten, Länder und Style, in freien Nachbildungen solcher in dem Stoffe des Originals oder einem verwandten Materiale, Abformungen in Gyps oder auf galvanoplastischem Wege, in Handzeichnungen, Stichen, Photographien u. s. w. nach derartigen Gegenständen, in Entwürfen für kunstgewerbliche Arbeiten, endlich in literarischen Erscheinungen aus den Gebieten der Kunstgeschichte und Kunstarchäologie, der Aesthetik, der Technologie u. s. w.

Das Museum umfasst demgemäss:

a) Sammlungen von Objecten aus allen Zweigen der Kunst und des Kunstgewerbes in Originalien und Copien,

b) Gypsabgüsse von Werken der gesammten Bildnerei,

c) eine Fachbibliothek und

d) eine mit dieser in Verbindung stehende Sammlung von Zeichnungen, Ornamentstichen, Photographien etc. (Vergl. Abschn. III.)

Die Gegenstände dieser Sammlungen sind theils Eigenthum des Museums, theils demselben von Hof- und Staatsanstalten, Gemeinden, Corporationen, Privatpersonen leihweise überlassen.

Ausserdem können Künstler und Industrielle ihre neuen Arbeiten unentgeltlich im Museum ausstellen, zu welchem Behufe ein eigener Saal (VI.) reservirt ist.

Die Besichtigung der Sammlungen ist an vier Tagen der Woche unentgeltlich, an zweien (Dinstag und Mittwoch) gegen ein geringes Eintrittsgeld (30 kr.) gestattet. Der geringere Besuch an den Zahltagen ermöglicht das eingehendere Studium der ausgestellten Gegenstände, sowie das Zeichnen nach solchen, und selbstverständlich haben Künstler, Kunsthandwerker u. s. w. auch an diesen Tagen freien Eintritt.

Die Bibliothek kann an den Wochentagen von 9 bis 2 Uhr, Sonntags von 9 bis 1 Uhr, im Winter auch Dinstags und Mittwochs in den Abendstunden benutzt werden.

Allgemeine und Special-Cataloge dienen zur Orientirung in den verschiedenen Sammlungen.

Nur an den Montagen sind der Reinigung halber sämmtliche Sammlungen geschlossen.

Ausgezeichnete, im Besitze des Museums befindliche oder demselben zur Ausstellung überlassene Gegenstände werden (falls bei den letzteren nicht ein ausdrückliches Verbot des Eigenthümers entgegensteht) theils für die Handzeichnungen-Sammlung copirt, theils auf dem Wege der Photographie, Photolithographie, der Galvanoplastik oder der Abformung in Gyps vervielfältigt.

Photographische Reproductionen und Gypsabgüsse werden in den eigenen Ateliers des Museums hergestellt und zu den Erzeugungspreisen in eigener Regie der Anstalt verkauft.

Bei der Anfertigung von Gypsabgüssen wird in erster Linie auf das Bedürfniss der Kunst-, Gewerbe- und Realschulen Rücksicht genommen, während die photographische Reproduction vornehmlich zur Vervielfältigung von Handzeichnungen, seltenen Ornamentstichen u. dgl. dient.

Theils für Schulzwecke, theils als Vorbilder für Künstler und Handwerker, endlich zum Behufe der Verbreitung eines besseren Geschmacks im grösseren Publicum hat das Museum seit seiner Begründung mannigfaltige literarisch-artistische Publicationen veranstaltet oder doch veranlasst. Dieselben bestehen in Vorlagenwerken, und zwar: Zeichnungen nach Kunstwerken oder Facsimile-Copien alter Zeichnungen und Musterbücher, — Werken über die Theorie und Geschichte der Kunst und ihrer Hülfswissenschaften, über Reform des Geschmacks etc., — kritischen Berichten über Ausstellungen u. s. w., — Schriften über Kunsttechnologie. Die Monatsschrift „Mittheilungen des k. k. Oesterr. Museums" erörtert principielle Fragen mit besonderer Berücksichtigung des Kunstunterrichts, bespricht hervorragende im Museum ausgestellte Arbeiten und vermittelt den Verkehr der Anstalt mit ihren Correspondenten und Freunden.

Ferner werden in jedem Winter Donnerstags im Museum öffentliche unentgeltliche Vorträge gehalten. Die Themata derselben werden aus dem Gesammtgebiete der Kunst und Kunsttechnik gewählt, dann aus den Beziehungen der Kunst zu den Naturwissenschaften, zur Volkswirthschaft, zur Gesetzgebung u. a. m. Neben diesen auf das grössere gebildete Publicum berechneten Vorträgen finden von Zeit zu Zeit Cyclen von Vorlesungen für Kunstjünger oder speciell für einzelne Kategorien solcher statt, z. B. über Perspective, über Baustyle, über Photographie, über Kunstmythologie.

Um auch die Kunstindustrie in den österreichischen Kronländern so viel als möglich direct von den Sammlungen des Museums Nutzen ziehen zu lassen, werden im Einvernehmen mit den Communen, Handels- und Gewerbekammern, Gewerbevereinen

u. s. w. Special-Ausstellungen ausserhalb Wiens veranstaltet, beziehungsweise die Bezirks- und Local-Ausstellungen durch Betheiligung des Museums unterstützt.

Ueber alle diese Zweige der Thätigkeit des Museums liefert der Abschnitt V dieser Schrift genaue Daten und Belege.

Ausserdem steht das Museum den einzelnen Künstlern und Fabrikanten mit Rath zur Seite und liefert, wo es gewünscht wird, Vorbilder aus seinen Sammlungen.

Es nimmt endlich Einfluss auf die Hebung und Verbesserung des Zeichenunterrichts an den technischen Anstalten, Gewerbe- und Realschulen des Inlandes und ist berathende Behörde für alle Fragen des Fachschulwesens.

Das Oesterreichische Museum ist ein Staatsinstitut und steht als solches unter dem Ministerium für Cultus und Unterricht.

Der Organismus der Museumsleitung wird gebildet:

a) aus dem Protector;

b) aus einem Curatorium, dessen Mitglieder von dem Protector mit dreijähriger Functionsdauer ernannt werden und in welchem die Kunst, die Kunstwissenschaft und die Kunstindustrie, das kunstliebende Publicum, endlich Communen, Corporationen und Institute, welche sich um die werkthätige Förderung der Zwecke des Museums besonders verdient gemacht haben, vertreten sind;

c) aus dem Director der Anstalt, welchem die unmittelbare Leitung des Museums und die Vertretung desselben nach aussen obliegt.

Unter dem Director fungiren — gegenwärtig vier — Custoden, von welchen zwei den Kunstsammlungen, einer der Bibliothek vorsteht, einer als Secretär fungirt und das Bureau leitet. Ein Custos hat in Verhinderung des Directors dessen Vertretung.

Die Verbindung des Museums nach auswärts wird durch Correspondenten hergestellt.

Das Amt eines Curators wie eines Correspondenten ist ein Ehrenamt. (Vgl. §§. 16—24 der Statuten.)

Der Personalstatus des Museums ist gegenwärtig folgender:

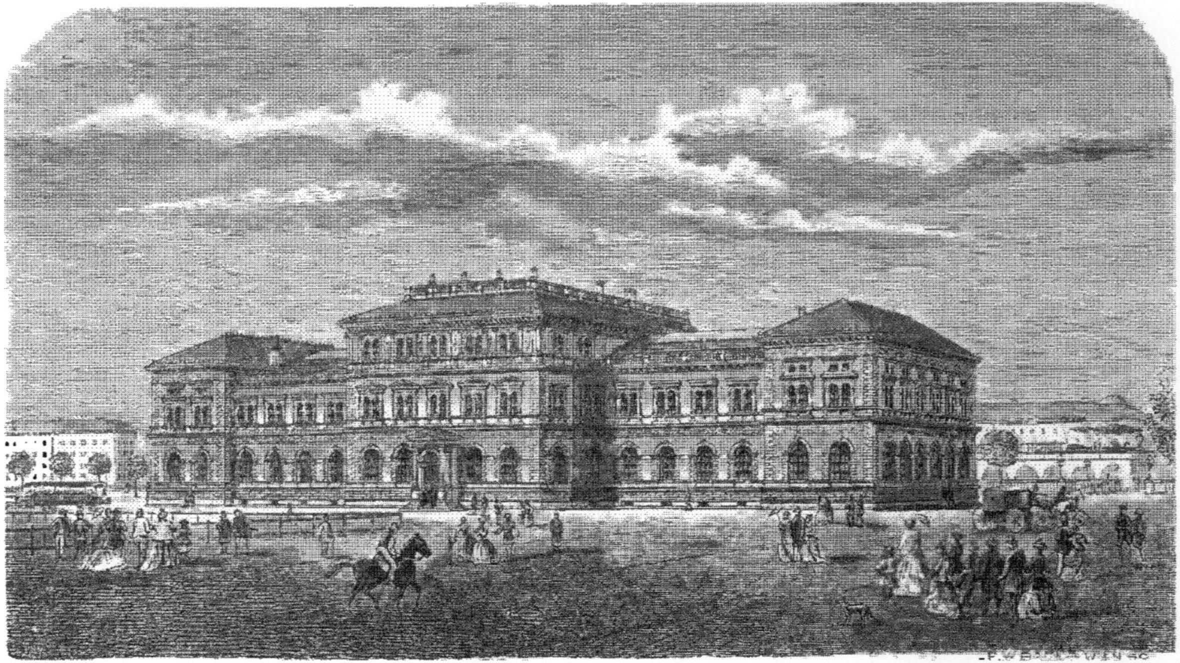

Protector: Se. k. Hoheit *Erzherzog Rainer.*

Curatoren (nach der Reihenfolge ihrer Ernennung):

Se. Durchl. der reg. Fürst Johann von und zu *Liechtenstein.*

Se. Durchl. Constantin Fürst zu *Hohenlohe-Schillingsfürst,* erster Obersthofmeister.

Se. Exc. Franz Graf *Folliot de Crenneville,* Oberstkämmerer.

Se. Exc. Graf Edmund *Zichy v. Vasonykeö.*

Se. Exc. Franz Ritter v. *Hauslab,* Feldzeugmeister.

Ferdinand *Stamm,* J. Dr., Reichsr.-Abg.

Ernst Ritt. v. *Brücke,* M. Dr., Hofrath, Prof. an der Wiener Universität.

Carl *Radnitzki,* Prof. an der Akad. d. bild. Künste.

Heinrich Ritt. v. *Ferstel,* Ob.-Baurath, Architekt, Prof. am Wiener polytechn. Institute.

Achilles v. *Melingo,* Gem.-Rath von Wien, Vertreter der Commune.

Franz Freih. v. *Wertheim,* Vertreter der nied.-öst. Handels- u. Gewerbekammer.

Rudolf v. *Eitelberger,* Director.

Jacob *Falke,* Custos und Dir.-Stellvertr.

Eduard v. *Engerth,* Reg.-Rath, Dir. d. k. k. Gemälde-Galerie.

Nicolaus *Dumba,* Reichsr.-Abg., Grosshändler.

Se. Exc. Johann Graf *Waldstein v. Wartenberg.*

Se. Durchl. Franz Altgraf *Salm-Reifferscheid.*

Se. Exc. Hugo Graf *Abensperg u. Traun,* Ob.-Ceremonienmeister.

Josef Ritt. v. *Reckenschuss,* Präs. d. nied.-öst. Handels- und Gewerbekammer.

Director:

Hofrath Prof. Rudolf *Eitelberger v. Edelberg.*

Custoden:

Reg.-Rath Jacob *Falke,* Dir.-Stellvertr. — Franz *Schestag,* Vorstand der Biblioth. u. der Kupferstich-Samml. — Friedrich *Lippmann.* — Bruno *Bucher,* Secretär und Bureauvorstand.

Bureau:

Andr. *Blümmel.* — Dr. Albert *Ilg.* — Rudolf *Hoffmann.* Wilhelm *Dobrafsky.*

Correspondenten:

Dr. August *Alber*, Ritt. v. Glanstätten, Rath der Central-Seebehörde in Triest.

Dr. A. W. *Ambros* in Wien.

August *Artaria*, Kunsthändler in Wien.

Otto Edl. v. *Bauer*, Fabriksbesitzer u. französ. Consular-Agent in Brünn.

Dr. *Bhau-Daji* in Bombay.

Dr. Franz *Bock*, Canonicus am Münster in Aachen.

Dr. Justus *Brinckmann*, Advocat in Hamburg.

Albert *Camesina*, k. k. Reg.-Rath, Conservator der Stadt Wien.

E. *Cunningham* in Shanghai.

Maximilian *Dormitzer*, Präs. d. Handels- u. Gewerbekammer in Prag.

Dr. Beda *Dudik*, mähr. Landes-Historiograph und Prof. in Raygern.

Johann *Dworacek*, Zeichenlehrer an der Industrieschule in Steinschönau.

Rev. Dr. J. *Edkins* in Peking.

E. J. *Eitel*, Cand. theol. in Canton.

Gustav Ritt. v. *Epstein*, Bankdirector in Wien.

August *Essenwein*, Vorstand d. german. Museums in Nürnberg.

Dr. W. F. *Exner*, Prof. an d. Forstakad. zu Mariabrunn.

Friedrich *Fischbach*, Lehrer an d. Akad. zu Hanau.

Moriz v. *Fischer*, Porzellanwaaren-Fabricant in Herend.

Alfred Ritt. v. *Frank*, k. k. Major in Graz.

Josef *Gerling*, Prof. an d. Ob.-Realschule in Linz.

T. B. *Glover* in Oasaka.

Rudolf Freih. v. *Gödel-Lanoy*, Verwaltungsrath d. Südbahn.

A. E. v. *Gumpert*, General-Consul in Bombay.

Carl *Haas*, Galvanoplastiker in Wien.

Dr. Wolfgang *Helbig*, Secretär d. archäolog. Instituts in Rom.

Dr. Emanuel *Hermann*, Sections-Rath im k. k. Handelsministerium.

A. L. *Hickmann*, Prof. d. Handelsschule in Reichenberg.

Dr. Carl *Holdhaus*, Secretär d. nied.-öst. Handels- u. Gewerbekammer in Wien.

A. *Horky*, Architekt u. Prof. in Graz.

Dr. Emil *Hornig*, k. Rath, Prof. an d. k. k. Ob.-Realschule auf d. Landstrasse in Wien.

F. *Kanitz*, Kunsthistoriker und Ethnograph in Wien.

Dr. Carl *Karmarsch*, Director der polytechn. Schule zu Hannover.

Dr. Franz *Kielhorn* in Poona.

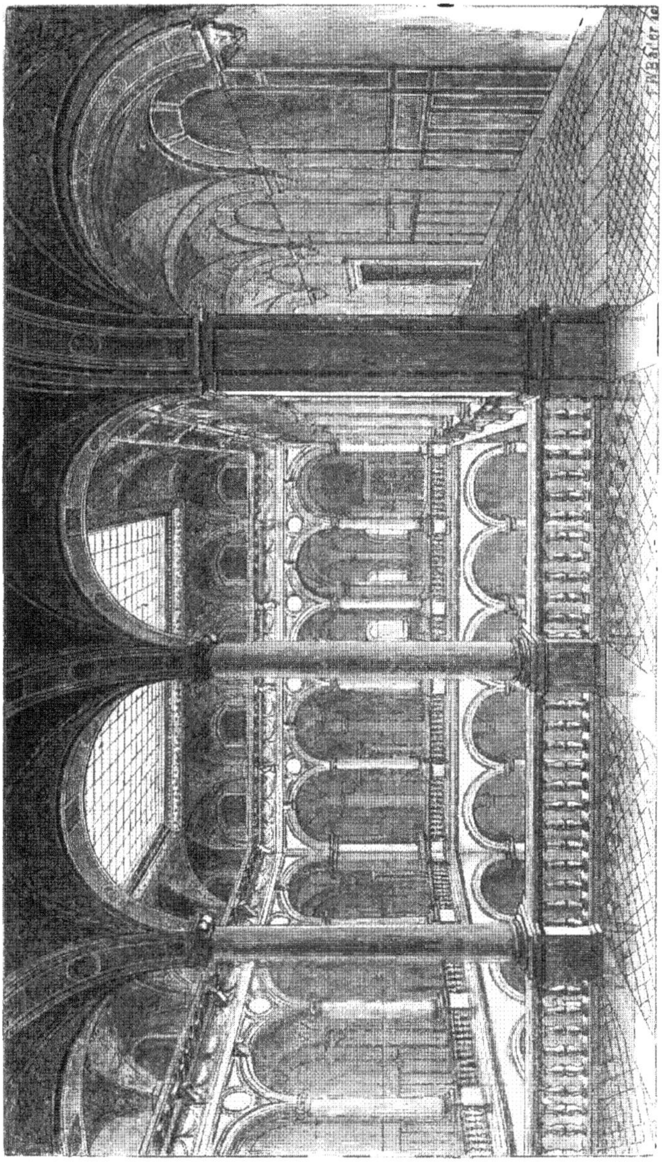

Johann *Klein,* Historienmaler und Prof. an d. Ob.-Realschule auf dem Schottenfeld in Wien.

Franz *Kornheisl,* fürst-erzbischöflicher Consistorial-Rath u. Kanzleidirector in Wien.

A. *Kreling,* Director der Kunstgewerbeschule in Nürnberg.

Max Freih. v. *Kübeck,* Reichsr.-Abg.

Adalbert Ritt. v. *Lanna,* Grosshändler u. Bergwerksbesitzer in Prag.

Quirin *Leitner,* k. k. Schatzmeister und Vorstand d. k. k. Hof-Waffen-museums.

Paul *Lessler,* Kaufmann in Bangkok.

Josef *Lippert,* Architekt in Wien.

Alexander *Löwe,* k. k. Reg.-Rath.

Dr. Wilhelm *Lübke,* Prof. in Stuttgart.

Dr. Carl v. *Lützow,* Prof. und Bibliothekar an d. Akad. d. bild. Künste in Wien.

J. *Maresch,* k. k. Schulrath in Prag.

Franz Graf v. *Meran,* k. k. Major etc. in Graz.

Richard Fürst v. *Metternich* in Wien.

Dr. Franz *Migerka,* Sections-Rath im k. k. Handelsministerium.

Max *Militzer* in Nagasaki.

P. Aug. *Millwisch* in Gröbming.

Emil *Moser,* akadem. Maler.

Freih. v. *Ottenfels,* k. k. Gesandter in Bern.

Philipp *Owen,* Vicedirector im South-Kensington-Museum in London.

Dr. Alexander *Peez,* General-Secretär d. Vereins d. österr. Industriellen in Wien.

Johann *Petschnig,* Architekt und Prof. d. Gewerbe-Zeichenschule am Polytechnikum in Wien.

J. *Pollano* in Hiogo.

August *Prokop,* Baurath in Brünn.

Freih. v. *Ransonnet,* k. k. Legations-Secretär.

Georg *Rödel,* Lehrer des Musterzeichnens an d. höheren mähr. Webereischule in Brünn.

Josef *Roller,* Prof. in Brünn.

Florian *Romer,* Univ.-Prof. in Pest.

Ignaz Ritt. v. *Schäffer,* österr. General-Consulats-Director in London.

Dr. Edmund *Schebeck,* Secretär der Handels- u. Gewerbekammer in Prag.

Dr. Carl v. *Scherzer,* k. k. Hofrath und General-Consul in Smyrna.

Gustav Ritt. v. *Schöller,* Präsident d. mähr. Gewerbevereins in Brünn.

David *Schönherr,* k. k. Rath, Redacteur der „Volks- u. Schützenzeitung" in Innsbruck.

Dr. W. *Schnaase,* Geheimrath in Wiesbaden.

Dr. Wilhelm Freih. v. *Schwarz,* General-Director der Weltausstellung.

Alexander v. *Seibold* in Yeddo.

Dr. C. *Steinbeis,* Chef der Centralstelle für Handel und Gewerbe in Stuttgart.

Dr. Adolf *Steinhauser,* Reg.-Rath bei der Landesregierung in Salzburg.

Josef *Storck,* Architekt, Prof. an d. Kunstgewerbeschule in Wien.

Franz *Storno,* in Oedenburg.

L. *Sussmann-Hellborn,* Bildhauer in Berlin.

Rev. E. W. *Syle* in Shanghai.

Dr. Georg *Thaa,* k. k. Sections-Rath.

Dr. W. *Terry,* Custos am Museum zu Bombay.

H. M. *Vandertake* in Yokohama.

Dr. Leopold *Walcher v. Moltheim,* General-Consul in Paris.

Thomas *Walsh* in Yokohama.

Dr. S. *Wells Williams* in Peking.

Anton *Widter,* in Wien.

Rev. J. *Wilson* in Bombay.

Dr. A. v. *Zahn,* Hofrath in Dresden.

Josef *Zitek,* Architekt und Prof. am polytechn. Landes-Institute in Prag.

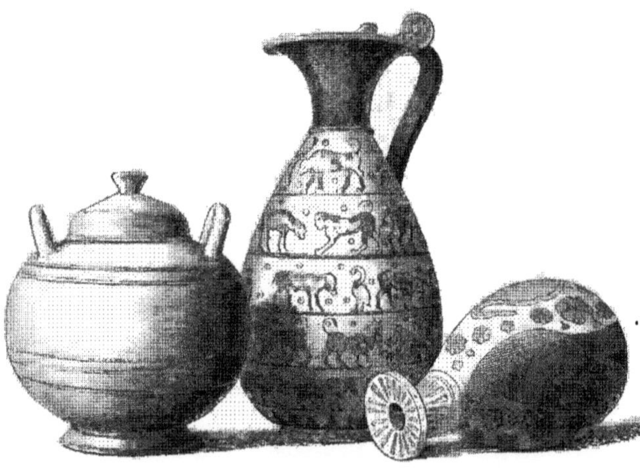

II. Das Gebäude.

Am 4. November 1871 wurde das nach den Plänen des Oberbaurathes Heinrich Ritter v. *Ferstel* in den Jahren 1868 bis 1871 erbaute Gebäude des Oesterreichischen Museums seiner Bestimmung übergeben. Dasselbe bedeckt an der Kreuzung des Stubenrings und der Wollzeile einen Flächenraum von 930 Quadrat-Klaftern und bildet einen zweigeschossigen Bau, welcher sich auf einem um 6 Schuh über dem Strassen-Niveau erhöhten Souterrain erhebt und im Mittelbau noch ein weiteres Stockwerk, an den Eckbauten Halbgeschosse trägt. Es ist im Style der italienischen Renaissance und in Ziegelrohbau ausgeführt, nur bei dem Sockel und dem Portal kam Wöllerstorfer Sandstein, bei den Fensterumrahmungen Margarethener Sandstein zur Anwendung. Dem Baustyl entsprechend und mit Berücksichtigung einerseits der Aufgabe des Instituts, andererseits der vorgeschriebenen Oekonomie beschränkte man sich für die Decorirung des Aeusseren auf Kunsttechniken, welche, vor Jahrhunderten mit Vorliebe angewendet, in der Gegenwart beinahe in Vergessenheit gerathen waren: Sgraffito-Malereien (ausgeführt von Prof. Ferd. *Laufberger*), in welche sich Medaillons und Tafeln von glasirtem Thon stylgemäss einfügen. Diese Majoliken gaben Gelegenheit, das Gedächtniss von sechsundfünfzig um die ornamentale Kunst besonders verdienten Künstlern theils durch Porträtmedaillons, theils durch Inschrifttafeln zu ehren.

Es sind dies:

Lorenzo *Ghiberti*, 1378—1455, Erzgiesser und Goldschmied.

Donatello, 1386—1468, Erz- und Marmorbildner.

Rafael *Santi*, 1483—1520, Maler und Architekt.

Albrecht *Dürer*, 1471—1528, Maler, Zeichner für Kupferstich und Holzschnitt, Theoretiker über Perspective, Malerei, Proportionslehre und Befestigungskunst.

Peter *Vischer*, geb. in der 2. Hälfte des 15. Jahrh., † 1529, Erzgiesser.

Jörg *Syrlin* d. Ae., blühte um 1470, Holzschnitzer.

Michel *Angelo*, 1474—1563, Architekt, Maler und Bildhauer.

Luca *della Robbia*, ca. 1400 bis nach 1480, Bildner in Thon u. Marmor.

Filippo *Brunelleschi di Ser.*, Architekt, 1377—1444.

Adam *Krafft*, Bildhauer, ca. 1430, † 1507.

Rafael *Donner*, Bildner in Marmor und Blei, 1695—1741.

Benvenuto *Cellini*, Erzgiesser, Stempelschneider und Goldschmied, 1500—1572.

Giulio *Romano*, Maler, 1492—1546.

Wenzel *Jamnitzer*, Goldschmied und Stempelschneider, 1508—1585.

Le Pautre, Zeichner, Architekt, Bildhauer und Kupferstecher, 1612—1677.

Joh. Melch. *Dinglinger*, Goldschmied und Emailleur, 1664—1731.

Alex. *Abondio* d. Ae., Medailleur und Wachsbossirer, blühte bis ca. 1606.

Valerio *Vicentino*, Gemmenschneider, geb. um 1479—1546.

Carl Friedrich *Schinkel*, Architekt, Schöpfer der modernen Renaissance, 1781—1841.

Wendel *Dietterlein*, Architekt, Maler, Bossirer und Radirer, 1550—1599.

Donato *Bramante*, Baumeister, Gründer der römischen Schule der Hochrenaissance, 1444—1514.

Leonardo *da Vinci*, Architekt, Maler, Kunstschriftsteller etc., 1452—1519.

Michel *Wolgemuth*, Maler und Zeichner für Holzschnitt, 1434—1519.

Giovanni *da Udine*, Maler und Ornamentist, 1487—1564.

Hans *Pilgram*, Baumeister und Bildhauer bis ca. 1511.

Jost *Amman*, Formschneider, Maler und Kupferstecher, 1539—1591.

Franz *Fiammingo*, Bildhauer, 1594 - 1644.

Marcantonio *Raimondi*, Kupferstecher um 1485, † gegen Mitte des 16 Jahrhunderts.

Antoine *Watteau*, Genremaler und Decorateur, 1684—1721.

Martin *Schongauer*, Maler und Kupferstecher, ca. 1420 1499.

Alex. *Colin*, Bildhauer und Erzgiesser, 1526—1612.

Joh. Friedr. *Böttcher*, erster Erzeuger des Porcellans in Europa, 1682 —1719.

Bernard *Palissy*, Thongefässbildner, von 1510—1589.

Fischer v. Erlach, Architekt, 1650—1724.

Hans *Burgkmair*, Maler und Zeichner für Holzschnitt, 1472 bis Mitte des 16. Jahrh.

Hans *Holbein* d. J., Maler und Zeichner für Holzschnitt, 1498—1554.

Bernward v. Hildesheim, Mäcen aller Künstler und selbst Architekt, Bildhauer, Maler, Erzgiesser und Goldschmied, geb. in der 2. Hälfte des 10. Jahrhunderts, † 1022.

Erwin v. Steinbach, Baumeister, blühte um 1277.

Margaretha v. *Eyck*, Malerin und Stickerin, † vor 1432.

Maso *Finiguerra*, Goldschmied und Nielleur, blühte in der 1. Hälfte des 15. Jahrh.

Hans *Gutenberg*, Buchdrucker, geb. zu Anfang des 15. Jahrh., † nach 1467

Hans *Sibmacher*, Wappenmaler und Kupferstecher, geb. in der 2. Hälfte des 16. Jahrh., † 1611.

Attavante, Miniaturmaler, blühte um 1450.

D. Giulio *Clovio*, Miniaturmaler, 1498 —1578.

Virgil *Solis*, Holzschneider, Kupferstecher, Maler und Radirer, 1514—1562.

Jean *Petitot*, Emailmaler, 1607 1691.

Cesare *Vecellio*, Maler und Formschneider, † 1606.

Baron v. *Sorgenthal*, Director der Wiener Porcellanfabrik um 1785.

Orazio *Fontana*, Majolikenmaler um 1540.

Giorgio da Gubbio, Majolikenmaler und Bildhauer, blühte von 1519—1537.

Johann *Kunkel*, Glasmaler und Theoretiker in der 2. Hälfte des 17. Jahrh.

Veit *Stoss*, Holzschnitzer, 1447—1542, nach Andern † 1533.

Josiah *Wedgewood*, Erfinder der nach ihm benannten Poterie, 1730—1795.

Giuliano da Majano, Bildhauer und Architekt, † in der 2. Hälfte des 15. Jahrh.

Gebrüder *Gobelin*, Teppichweber, blühten um 1667.

Ed. *van der Nüll*, Architekt, 1812—1868.

In das Innere des Gebäudes gelangt man durch das Vestibule (a), in welchem zwei Tafeln an die Gründung des Museums und der Kunstgewerbeschule erinnern und von welchem aus Stufen zu dem durch eine Glaswand abgeschlossenen Säulenhof führen, während sich links der Aufgang zur Schulstiege (c) befindet. Vestibule, Säulenhof und Hauptstiege bilden den Mittel- und Kernpunkt des ganzen Bauwerks, und wie sie in der äusseren Erscheinung desselben als dominirender Mittelbau hervortreten, sind sie auch durch architektonische Durchbildung und reichere Decorirung ausgezeichnet.

Der quadratische Hof (d) geht durch alle drei Stockwerke des Mittelbaues und ist im Erdgeschoss wie im ersten Stock von Arkaden umgeben, welche durch Pfeiler aus Wöllerstorfer Sandstein und 32 Säulen, Monolithe von Mauthausener Granit, gebildet werden. Sein Licht erhält er durch ein doppeltes Glasdach, der Fussboden ist hier wie im Vestibule in sogenanntem Asphaltsilico ausgeführt, die Wände sind mit Stucco lustro bekleidet. Benutzt wird dieser Hof zur Ausstellung grösserer plastischer Arbeiten.

An den Hof reihen sich zu beiden Seiten acht Ausstellungssäle, und zwar, in der Längenachse enfilirt, rechts und links je ein Oberlichtsaal, um den sich drei Säle mit Seitenlicht gruppiren. Die Disposition der Räume ist somit im höchsten Grade übersichtlich.

Von den Oberlichtsälen wird der linke mit VIII bezeichnete (e des Grundrisses) von ornamentalen Gypsabgüssen und kleiner Plastik in Gyps eingenommen; der Fries ist durch Medaillons von Prof. A. *Eisenmenger* geziert: an den Querseiten die Schönheit und die Wirklichkeit, die Poesie und die Wissenschaft, an den Längenseiten die Epochen der Kunst in Allegorien. Von der Galerie aus ragt in diesen Saal ein Balcon herein, welcher der Kanzel des *Brunelleschi* in der Badia zu Florenz nachgebildet ist.

Parallel mit diesem laufen die Säle V (f) für Arbeiten in Eisen, Messing, Blei etc. und VII (h) für Buchausstattung jeder Art, Miniaturen etc. Der quer vorliegende VI. Saal (g) ist der permanenten wechselnden Ausstellung moderner Arbeiten der Kunstindustrie gewidmet.

Der rechte Oberlichtsaal (IV, i) an dessen Plafond die verschiedenen Techniken in plastischen Medaillons von C. *Melnitzky*

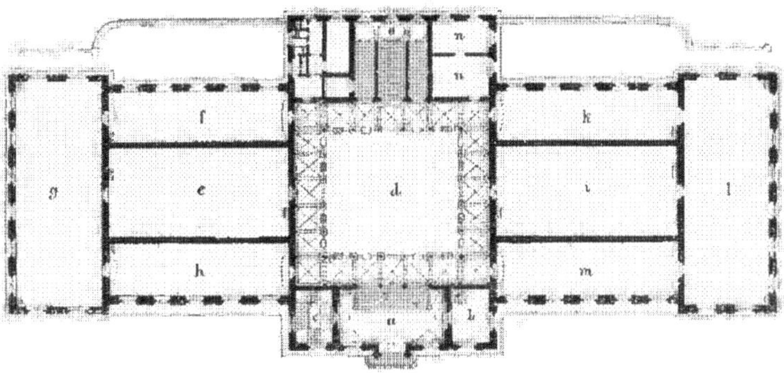

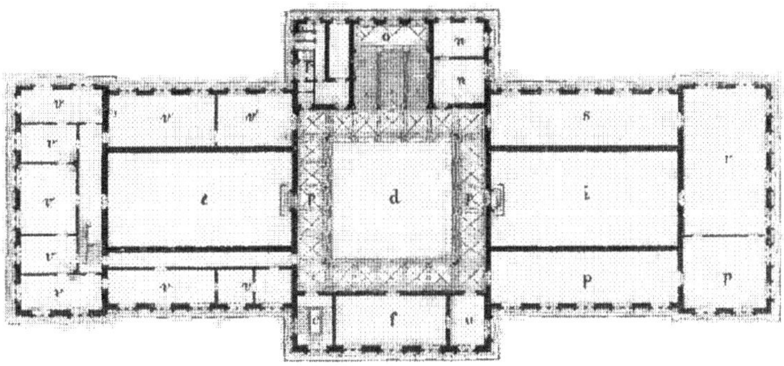

dargestellt sind, enthält Möbel und textile Kunst; die Säle zu seinen beiden Seiten, I (m): Goldschmiedkunst, III (k): Glas, der Quersaal II (l): Thonarbeiten.

Die Hauptstiege (o), von ihrer Wendung an doppelarmig, führt zum ersten Stockwerke. Die Spiegelgewölbe des Stiegenhauses zeigen in Fresken von Prof. F. *Laufberger* die dem Meere entsteigende Göttin der Schönheit, umgeben von den Gestalten der

Architektur, der Malerei, der Sculptur, des Kunsthandwerkes. Die Wände sind mit Stucco lustro und Stuckmarmor bekleidet, die Geländer der Stiege und der Galerie von Untersberger Marmor, der Ruheplatz hat einen Fussboden von Terrazzo. Beleuchtet wird die Stiege durch drei von *Mader, Stadl* & *Neuhauser* in Innsbruck gemalte Fenster, von welchen das mittlere die Wappen der österreichischen Länder, das linke die Bildnisse solcher fürstlichen Personen, das rechte die Bildnisse solcher Gelehrten zeigt, welche sich um Kunst und Kunstsammlungen in Oesterreich verdient gemacht haben.

Die Localitäten des ersten Stockwerkes haben ihre Zugänge von der Galerie. Der Mittelbau wird von dem Sitzungssaale (f), über dessen Thür das Reichswappen in Terracotta von *Ginori* in Doccia ausgeführt, angebracht ist, und Bureaux (u, n, n) eingenommen, im nördlichen Flügel befinden sich Schulzimmer (v, v), im südlichen die Bibliothek (p), der Vorlesesaal (r) und ein Saal für Ausstellungen graphischer Künste (IX, s).

Das zweite Stockwerk wird ausschliesslich von Schulzimmern und Wohnräumen in Anspruch genommen.

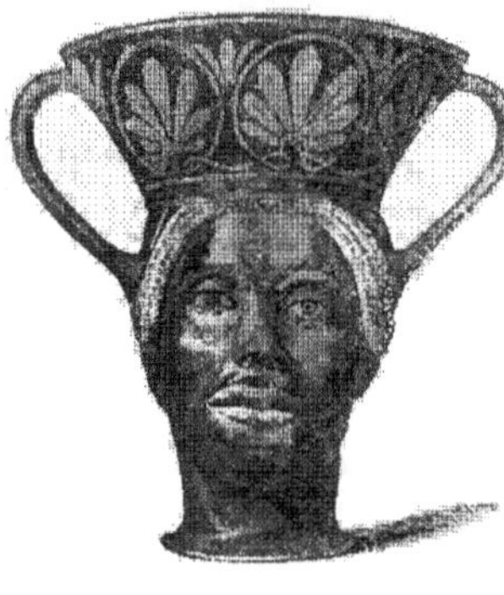

III. Die Sammlungen.

Für die Vorbilder-Sammlungen entwarf man bei der Gründung des Museums nachstehendes

System.

I. Das Geflecht.

a) Deckenartig,	Rohr, Stroh, Holz
b) Korbartig,	u. s. w.

II. Specielle textile Kunst und ihre Nachbildungen.

a) Mittelalterliche Stoffe.	Wolle,
b) Orientalische Stoffe.	Seide,
c) Neuere Stoffe (seit 1500).	Leinwand.

d) Stickereien.

e) Spitzen.

f) Tapisserien (Gobelins, Möbelüberzüge).

g) Papiertapeten.

h) Dessinirtes Papier.

i) Allgemeine Ornamentzeichnungen zur Flächenverzierung, Füllungen, Bordüren, Wappenzeichnungen u. s. w.

III. Lackierarbeiten.

IV. Email.

a) Mittelalterlich.

b) Orientalisch.

c) Renaissance und neueres Email.

V. *Mosaik.*

a) Antik.
b) Mittelalterlich (einschliesslich Fussbodenmosaik in Thon).
c) Renaissance und neuere Arten.

VI. *Glasmalerei.*

a) Romanische Zeit.
b) Gothische Zeit.
c) Renaissance.

VII. *Malerei.*

a) Wandmalerei, decorative, ornamentale, figurale.
b) Gemälde in Verwendung zu kirchlichem Geräth.
c) Proben der verschiedenartigen Technik.
d) Miniaturen (Pergament, soweit sie nicht zu VIII. gehören).

VIII. *Schrift, Druck und graphische Künste.*

a) Schriftproben und Schreibvorlagen.
b) Besondere Initialen und Arabesken.
c) Druckproben.
d) Typographische Verzierungen.
e) Proben der verschiedenen graphischen Künste.
f) Zeichenvorlagen.
g) Handzeichnungen.

IX. *Aeussere Bücherausstattung.*

a) Einbände nach verschiedenem Material und Kunstweisen.
b) Besondere Prachteinbände.

X. *Lederarbeiten.*

a) Ledertapeten und Ueberzüge.
b) Ledergeräthe aller Art.
c) Lederplastik.

XI. *Glasgefässe und Glasgeräth.*

a) Hohlgefässe, antik, orientalisch, venetianisch, deutsch u. s. w. bemalte Glasgefässe.
b) Glasgeräthe (Leuchter, Lustres, Spiegel).
c) Millefiori u. dgl.

XII. *Thongefässe* und decorative Thonplastik.

a) Gräko-italienische der antiken Zeit.
b) Orientalische der antiken Zeit (einschliesslich Aegypten).
c) Celto-germanische (Gräberfunde).
d) Spanisch-maurische und Marocco.
e) Mittelalter.
f) Italienische Schulen und Arten vom 15. bis zum 17. Jahrhundert (Majolica, Faenza u. s. w.).
g) Französische Thonarbeiten der Renaissance-Zeit.
h) Holländische Thonarbeiten der neueren Zeit seit 1500.
i) Deutsche Thonarbeiten aus dem 16. und 17. Jahrhundert.
k) Thonarbeiten besonderer Nationalitäten.
l) Moderne Thonarbeiten.
m) Indische und andere Arbeiten des Orients.
n) Chinesisches und japanisches Porcellan.
o) Dresdener Porcellan (Meissen).
p) Wiener Porcellan.
q) Porcellan aus dem übrigen Deutschland.
r) Französisches Porcellan (Sèvres u. a.).
s) Englisches Porcellan.
t) Porcellan aus Holland, Italien und den übrigen Ländern.

XIII. *Arbeiten aus Holz.*

a) Böttcherarbeiten.
b) Drechslerarbeiten.
c) Möbelschreinerei und Kunsttischlerei.
Kirchengeräth von Holz.
Möbel für das Haus, antik, Mittelalter, Renaissance, orientalisch, eingelegte Arbeiten.
Geschnitzte Rahmen und dergleichen Ornamentales.
Geschnitzte Holzkästchen.
Figürliche Sculptur.
d) Bautischlerei.

XIV. *Geräth und kleinere Plastik in Horn, Bein, Elfenbein, Wachs u. dgl.*

XV. *Gefässe, Geräthe und Sculpturen in Marmor, Alabaster und sonstigem Stein.*

(Die Sculpturen im Grossen bilden eine besondere Gruppe unter XXIV.)

a) Gefässe.
b) Geräthe.
c) Architektonisches Ornament kleinerer Art (nach Stylen).
d) Kleinere Figuren.

XVI. *Gefässe und Geräthe aus Kupfer, Messing, Zink und Zinn.*

XVII. *Eisenarbeiten.*

a) Schmied- und Schlosserarbeiten (Schlösser und Schlüssel, Beschläge, Gitter, Eisengeräthe u. s. w.).

b) Wehr und Waffen.

c) Besondere technische Kunstweisen (Aetzung, Damascinirung, Tauschirarbeit etc.).

d) Gusseisen.

XVIII. *Glocken und Uhren.*

XIX. *Bronzearbeiten* (Gefässe, Geräthe, Reliefs).

a) Antike Bronzen,
b) orientalische,
c) Bronzen des Mittelalters,
d) der Renaissance,
e) seit 1600.

XX. *Goldschmiedekunst* (edle Metalle).

a) Antike,
b) orientalische,
c) des Mittelalters,
d) der Renaissance,
e) seit 1600.

XXI. *Bijouterie* (edle Steine).

a) Antike,
b) orientalische,
c) des Mittelalters,

d) der Renaissance,
e) seit 1600.

XXII. Graveurkunst.

a) Münzen und Medaillen.
b) Siegel.
c) Geschnittene Steine.

XXIII. Allgemeine Ornamentzeichnungen für Reliefausführung.

XXIV. Sculptur im Grossen.

a) Architektonisch-ornamentale.
b) Figurale.

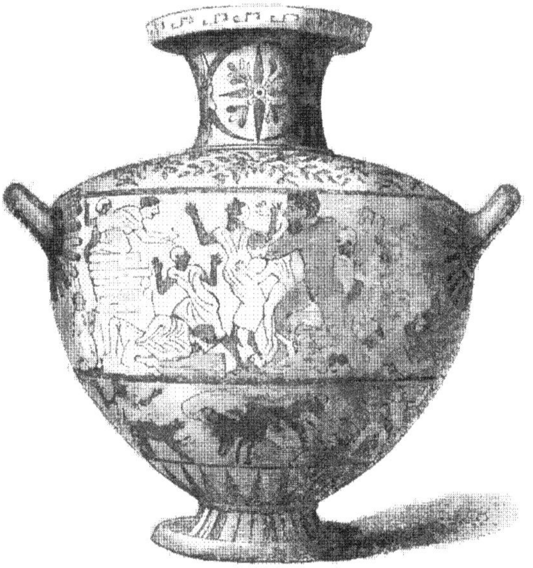

Quantitativ und qualitativ unbedeutend, konnten die eigenen Besitzthümer des Museums damals auch nicht annähernd dieses System ausfüllen, nur die Anleihen bei Hof- und Staatsinstituten und Privatsammlungen machten es möglich, Repräsentanten aller der verschiedenen Abtheilungen und Unterabtheilungen zu erhalten. Auch im gegenwärtigen Augenblicke sind die Sammlungen noch weit von der erwünschten Vollständigkeit entfernt. Doch auch abgesehen davon, nöthigten räumliche und andere Verhältnisse hie und da zu Abweichungen von dem System, wie beispielsweise die daselbst verschiedenen Abtheilungen zugetheilten Ornamentzeichnungen und Ornamentstiche zu einer eigenen, der Bibliothek beigeordneten Abtheilung wurden, in die Bibliothek auch die ganzen Abtheilungen VIII und IX aufgingen u. dgl. m.

Ihrer Aufstellung nach gliedern sich jetzt die Sammlungen in zehn Gruppen:

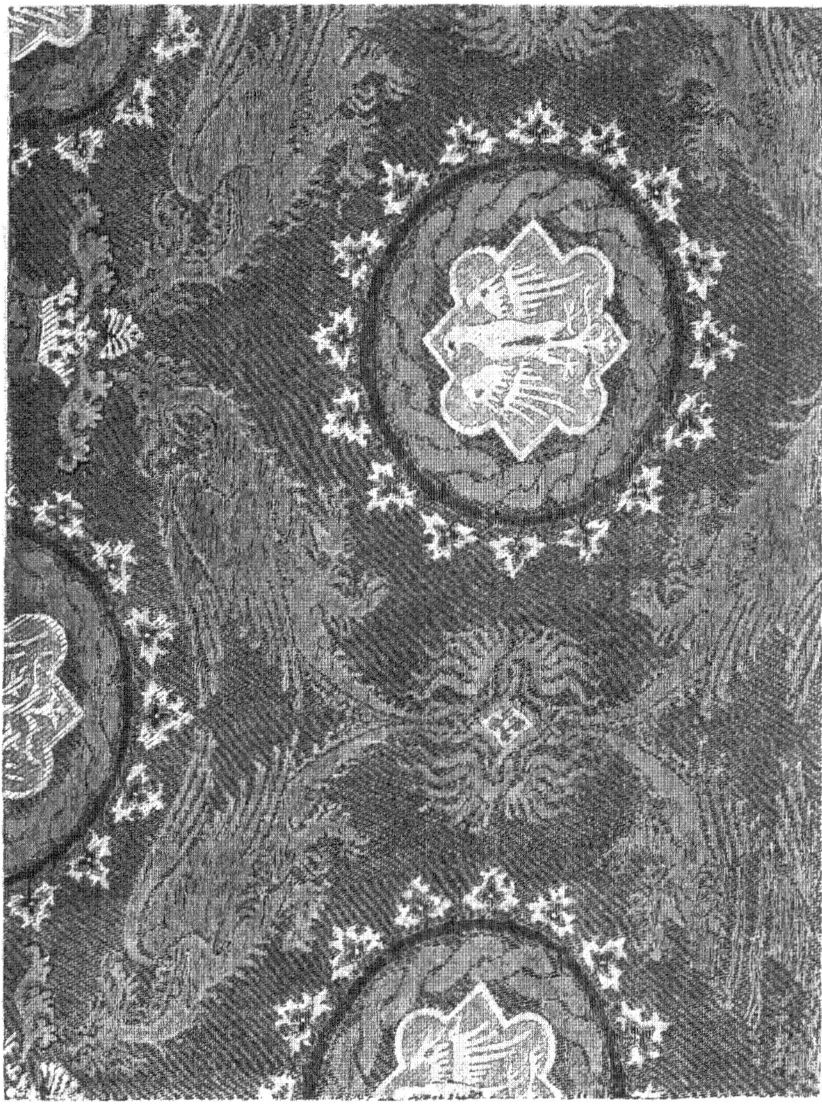

F.W. BAUER WIEN sc.

Textile Kunst und Möbel (Saal IV). Dieselbe umfasst die Abtheilungen I. II und XII des Systems, mithin Geflecht, Gewebe aller Art, Nadelarbeiten, Papiertapeten, Möbel, figurale und ornamentale Holzschnitzerei, ferner aus Abtheilung X die Ledertapeten.

Goldschmiedekunst (Saal I), worunter ausser der Verarbeitung edler Metalle und der Bijouterie (Abth. XX und XXI) auch Arbeiten aus anderen Metallen mit Gold- oder Silbertauschirung, sowie Goldschmiedemail und Emailmalerei (Abth. IV) begriffen sind.

Keramik (Saal II). Thongefässe aller Art, decorative und figurale Thonplastik (Abth. XII).

Glas (Saal III), nämlich Glasgefässe, Glasgeräth, Glasmalerei (Abth. VI und XI), ferner Porcellangemälde.

Unedle Metalle (Saal V), Bronze, Eisen, Kupfer, Blei, Zink, Zinn u. s. w., ferner Glocken und Uhren (Abth. XVI bis XIX).

Wanddecoration, Schrift, Druck und Bücherausstattung und Verwandtes (Saal VII), Wandmalereien, gemalte Tapeten, Miniaturen, Schriften, Druck, äussere Buchausstattung, Lack- und Lederarbeiten, Geräth und kleinere Plastik in Stein, Elfenbein, Horn, Wachs etc., Mosaik. (Abth. III, VII, VIII, IX, X, XIV, XV.)

Grosse Plastik (Säulenhof), Marmor, Gyps, Bronze etc. (Abth. XXIV.)

Gypsabgüsse von Ornamenten und kleinerer Plastik (Saal VIII, Abth. XXIV).

Graveurkunst, Münzen, Siegel, geschnittene Steine und Abdrücke von solchen (Abth. XXII).

Ornamentzeichnungen und graphische Künste (Abth. VIII. und XXIII). Eine wechselnde Ausstellung im Saal IX führt nach und nach diese Sammlung in ihren wesentlichsten

Bestandtheilen vor und bringt zugleich die Haupttechniken in ihrer historischen Entwicklung zur Anschauung.

Die Ornamentstichsammlung zerfällt in dreizehn Hauptabtheilungen und zahlreiche Unterabtheilungen, innerhalb deren wieder die Anordnung nach Schulen und Jahrhunderten eingeführt ist.

I. Ornamente. A. Allgemeine Ornamente. B. Specielle Ornamente. a. Niellirte Goldschmiedverzierungen. b. Punzenarbeiten. c. Figurale Darstellungen. d. Jagden. e. Thiere. f. Blumen. g. Trophäen. h. Festons. i. Masken. k. Randeinfassungen, Ziertitel, Zierrahmen und Zierschilder.

II. Textile Kunst. A. Stick- und Spitzenmuster, Tapeten. B. Costume, Aufzüge, Festlichkeiten.

III. Mobilien. A. Weltliche Mobilien. a. Tischlerarbeiten. b. Wagnerarbeiten. B. Kirchliche Mobilien. a. Altäre und Altaraufsätze. b. Kanzeln. c. Kirchenstühle. d. Orgeln. e. Sacramentshäuschen, Taufbrunnen. f. Grabdenkmale.

IV. Schmied- und Schlosserarbeiten.

V. Wehr und Waffen. A. Angriffswaffen. B. Schutzwaffen.

VI. Uhren.

VII. Goldschmied- und Juwelierarbeiten.

VIII. Gefässe und Geräthe. A. Weltliche. B. Kirchliche.

IX. Heraldik. A. Wappen und Buchdruckerzeichen. B. Stammbäume.

X. Architektur. A. Details. B. Aussenansichten. C. Innenansichten. D. Wandmalerei. E. Plafonds. F. Kamine und Oefen. G. Brunnen. H. Gärten.

XI. Schrift und Druck. A. Schreibbücher und Schreibvorlagen. B. Initialen. C. Monogramme. D. Mikrographien.

XII. Zeichenbücher und Zeichenvorlagen.

XIII. Varia.

Besonders bemerkenswerth sind die punzirten Goldschmiedarbeiten, die niellirten Goldschmiedarbeiten aus dem Ende des 16. und Anfang des 17. Jahrhunderts, Goldschmiedarbeiten der Brüder *de Bry*. Gefässe der deutschen Schule des 16. Jahrh., Stickmusterbücher, Schreibbücher, besonders italienische des 16. Jahrh. und deutsche des 17. Jahrh., ältere Architekturwerke, Säulenbücher etc. der verschiedenen Schulen und Zeiten. (*Vitruv*, *Palladio*, *Vignola*, *Dietterlein*, *Mayer*, *Krammer*, *Guckeisen*, *Ebelmann*, *Eck*, *Blum*, *Decker*, *Erasmus*, *Philibert de l'Orme*, *Perret*, *Vredeman de Vriese* u. A.) Perspectivewerke des 16., 17. und 18. Jahrh., endlich die completen oder nahezu completen Ornamentwerke von *Berain*, *Le Pautre*, *Oppenort*, *Meissonier*, *La Londe*, *Cuvilliés Vater und Sohn*, *Schübler* etc. etc.

Ergänzt wird diese Sammlung durch die Abtheilungen der Photographien (vorzugsweise nach mittelalterlichen Gegenständen) und die Zeichnungen nach kunstgewerblichen Arbeiten aller Art, welche Eigenthum des Museums sind oder doch einmal in demselben ausgestellt waren.

Die **Bibliothek** gliedert sich folgendermassen:

I. Bibliographie, Lexika, Zeitschriften.

II. Aesthetik und Philosophie der Kunst.

III. Kunstgeschichte im Allgemeinen. A. Technik der verschiedenen Künste. B. Allgemeine Werke. C. Specielle Werke über Länder oder Epochen. D. Zur Geschichte der Kunst und Kunstindustrie einzelner Städte. Wegweiser. Reisehandbücher. Kataloge von und über Museen.

IV. Architektur. A. Theorie und Technik. Constructionslehre. Baurathgeber. B. Die gesammte Architektur oder mehrere Style umfassende Werke. C. Einzelne Style behandelnde Werke. D. Kriegs- und Schiffsbaukunst. E. Ansichten. F. Gartenwerke.

V. Sculptur. a. Allgemeines. b. Alterthum. c. Mittelalter und Renaissance. d. Neuere Zeit. e. Fontainen.

VI. Malerei. A. Theorie und Technik. B. Allgemeine Werke. C. Einzelne Epochen behandelnde Werke. D. Zeichenunterricht.

VII. Textile Kunst. A. Rohmateriale, deren Geschichte und Verarbeitung. B. Druckerei, Färberei. C. Weberei. D. Tapisserien. E. Nadelarbeiten. F. Tapeten. G. Papier. H. Costume und Festlichkeiten.

VIII. Email.

IX. Mosaik.

X. Schrift, Druck und graphische Künste.

XI. Buchbinderei.

XII. Glasfabrication und Glasmalerei.

XIII. Thonwaarenfabrication.

XIV. Arbeiten aus Holz (Tischlerei, Wagnerei, Zimmermannsarbeiten).

XV. Drechslerei.

XVI. Kleinere Plastik in Elfenbein, Wachs etc.

XVII. Eisenarbeiten.

XVIII. Uhren.

XIX. Broncen.

XX. Galvanoplastik.

XXI. Goldschmiedekunst.

XXII. Diplomatik, Heraldik, Sphragistik, Numismatik, Gemmenkunde.

XXIII. Ornamentik.

XXIV. Unterrichtswesen.

XXV. Volkswirthschaft, Culturwissenschaft, Handel, Gewerbe, Vereinswesen. Zur Arbeiter- und Frauenfrage.

XXVI. Ausstellungen.

XXVII. Naturgeschichte, Physik, Chemie, Technologie.

XXVIII. Varia.

Eine selbstständige Abtheilung der Sammlungen bildet ferner die

Sphragistische Sammlung.

Diese werthvolle Collection gelangte im Jahre 1864 durch Ankauf in den Besitz des Museums. Angelegt wurde dieselbe von dem im genannten Jahre verstorbenen k. k. Rechnungsrathe Carl

Freiherrn v. *Sava.* Sie ist in Fachkreisen als die vollständigste Sammlung dieser Art in Oesterreich und Deutschland bekannt und besteht aus vier Kategorien, nämlich aus Originalsiegelstöcken, aus Original-Wachssiegeln, aus Gypsabgüssen und aus Modeln für Gypsabgüsse. Die Zahl der Originalsiegel beträgt zwischen 200—300 Stück, die der Abgüsse über 4000 Stück. Theils im Original,

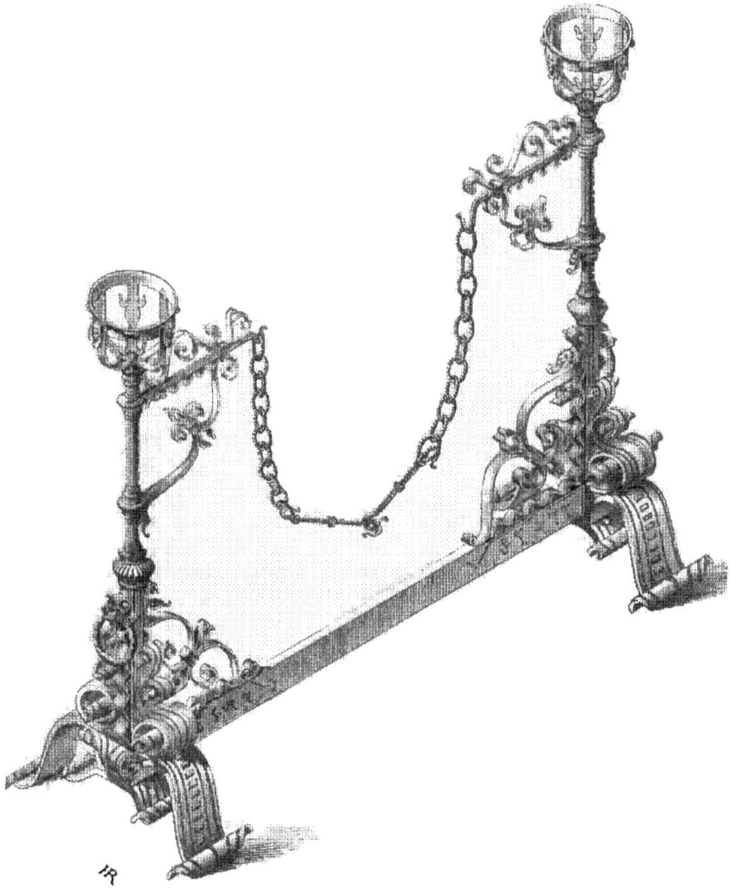

theils im Abguss umfasst die Collection fast sämmtliche Wappensiegel fürstlicher, gräflicher u. a. adeliger Häuser, Stifte und Städte in Oesterreich, deutsche Kaiser- und Königssiegel, österreichische Herzogssiegel, sehr interessante Siegel von städtischen Innungen, Handwerkszünften, Klöstern, Spitälern etc. Die Siegelsammlung des Museums bietet ebensosehr der Geschichtsforschung, als der Kunstindustrie ein wichtiges Materiale dar. Nach Erwerbung dieser als Grundstock der Sammlung anzusehenden Sava'schen Collection ist dieselbe durch verschiedene Acquisitionen vermehrt worden. Sie befindet sich in alphabetisch geordneter Aufstellung in besonderer Verwahrung, doch ist eine Partie der vom historischen und künstlerischen Gesichtspunkte interessantesten Stücke in einem Pultkasten des Saales VII zur Ausstellung gebracht.

Die Mehrzahl der in der Sammlung befindlichen Siegel ist in den Mittheilungen der k. k. Centralcommission zur Erhaltung und Erforschung der Baudenkmale, zum Theil von dem Gründer der Collection selbst, wissenschaftlich beschrieben und daselbst auch in Holzschnitt reproducirt worden.

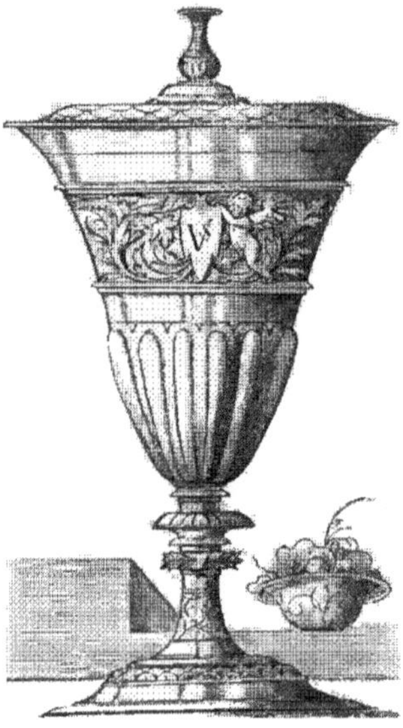

Ohne auf Vollständigkeit Anspruch zu machen, geben wir in dem Folgenden eine Uebersicht der in den Sälen des Erdgeschosses und auf der Galerie ausgestellten Gegenstände.

In dem Säulenhofe befinden sich neben Abgüssen nach Gestalten und Colossalbüsten des Alterthums: die beiden Gruppen *Joh. Schilling's* für die Treppenwange der Brühl'schen Terrasse in Dresden „Abend" und „Nacht"; Standbild des Don Juan d'Austria aus dem 16. Jahrhundert, Original in Messina, Geschenk Sr. Exc. des *Grafen Johann Waldstein;* Porträt einer Frau in halber Figur, Marmor, venezianisch, 17. Jahrh.; sieben Marmorwerke aus dem Besitze Sr. Durchl. des Fürsten *Metternich*, nämlich Amor und Psyche, sitzende Psyche, Hebe, Kind mit einem Schutzengel, sämmtlich von *Canova*, dem Bade entsteigende Venus von *Tenerani*, die Religion von *Dupré*, Hercules als Kind.

Saal I (Goldschmiedekunst) enthält in dem grossen Wandkasten Nr. V hauptsächlich den Schatz des *Deutschen Ordens* (Waffen, Gefässe von Silber, Krystall etc., Kreuze, Rosenkränze u. dgl. m.) und den *Welfenschatz* (Reliquiarien, Ostensorien, Bucheinbände, Pocale etc.), beide Sammlungen durch den Hoch- und Deutschmeister *Erzherzog Wilhelm* k. H. und Se. Majestät den *König von Hannover* dem Museum zur Ausstellung anvertraut. In den letzten Fächern dieses Wandkastens finden sich verschiedene grössere Emailarbeiten, italienische, indische, japanische Waffen und Rüstungsstücke.

Ferner freistehend (auf einem Tischchen) Eisenkasten mit Gold tauschirt, italienische Arbeit des 17. Jahrhunderts.

Kasten I. Orientalische und russische tauschirte und niellirte und Filigranarbeiten.

Kasten II. Tafelgeräth und Schmuck vom 16. bis 18. Jahrh., antike Schmucksachen, kirchliches Geräth, darunter Crucifix mit translucidem Email von *Maso Finiguerra*. Beispiele der verschiedenen Arten der Emaillirung und Emailmalerei.

Kasten III. Galvanoplastische und andere Metallnachbildungen von Goldschmiedarbeiten der Antike und der Renaissance.

Kasten IV. Chinesische und japanische Zellenschmelzarbeiten und Nachahmungen derselben.

Saal II (Keramik) enthält — abgesehen von auf Postamenten stehenden Terracottabüsten und Fayencegefässen von ungewöhnlicher Grösse, den in den Ecken angebrachten Ofenkacheln und einzelnen Reliefs der *Della Robbia* oder in deren Weise — glasirte und unglasirte Thonarbeiten jeder Art in 26 Kästenabtheilungen, nach ihrer technischen Beschaffenheit sowie nach ihrer Herkunft geordnet.

Kasten I. Altmexikanische und neue ägyptische, spanische, portugiesische nationale Thonarbeiten.

Kasten II. Ungarische und slavonische Gefässe.

Kasten III. Türkische und marokkanische Arbeiten.

Kasten IV—VI. Antike Gefässe (die grössten und interessantesten im Kasten XXIV).

Kasten VIII. Italienische Bauernmajolica.

Kasten IX. Hispano-maurische und sicilianische Gefässe.

Kasten X. Rhodische Fayencen, persische Fliesen und Imitationen.

Kasten XI. Deutsches Steingut (16. und 17. Jahrh.), modernes englisches Steingut.

Kasten XII. Oesterreichische Fayencen, ältere und neuere.

Kasten XIII. Fayencen von *Delft* und in dessen Weise.

Kasten XIV. Französische und schwedische Fayencen, italienische Majoliken (vgl. XXV).

Kasten XV. Wedgewood und Nachahmungen desselben.

Kasten XVI. Biscuit.

Kasten XVII. Meissner Porcellan.

Kasten XVIII. Englisches, deutsches, dänisches, schwedisches, italienisches, spanisches Porcellan.

Kasten XIX. Französisches Porcellan.

Kasten XX und XXI. Chinesisches, japanisches und siamesisches Porcellan und Steingut.

Kasten XXII. Wiener Porcellan.

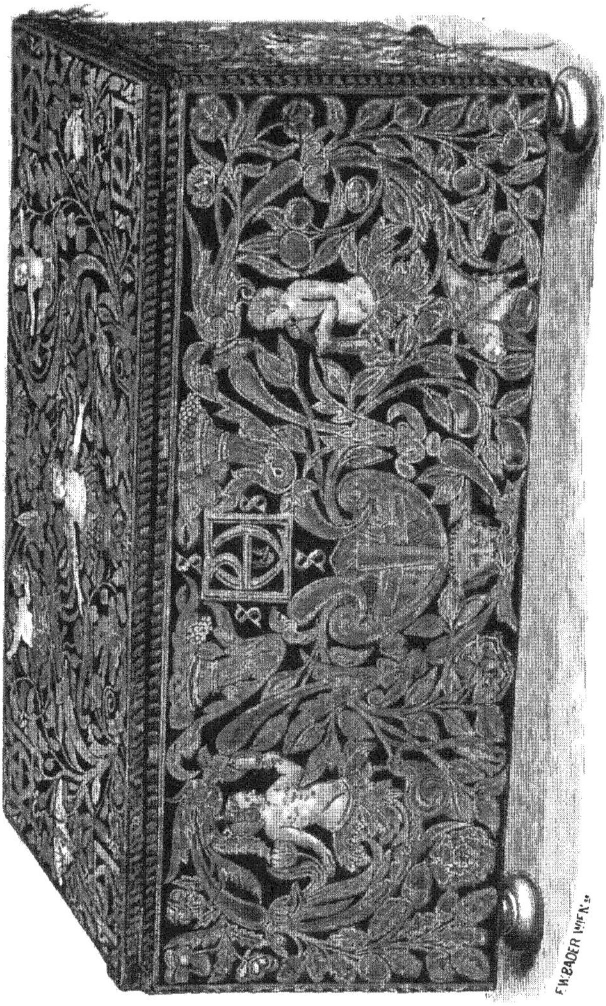

Kasten XXIII. Moderne Imitationen von Majolica, Palissy, Rouen, Henri II.

Kasten XXIV. Grössere antike Arbeiten.

Kasten XXV. Italienische Majoliken und Imitationen von Ginori.

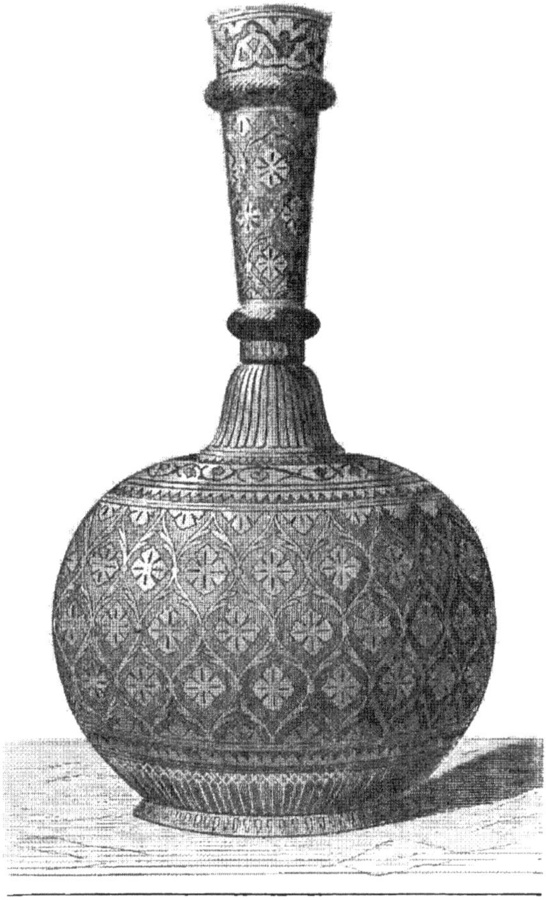

Kasten XXVI. Grössere Porcellangegenstände verschiedener Fabriken.

Saal III. Glas.

Kasten I. Deutsche Gläser des 16. und 17. Jahrh., russische Gläser, Gefässe mit schwarzen Ornamenten und solche mit Goldverzierung zwischen zwei Glasschichten, gefärbtes Glas.

Kasten II. Böhmisches Glas.

Kasten III und IV. Venezianische Gläser.

Pultkasten V (an der Längenwand). Alte und moderne venezianische Flachgefässe, orientalische Glasarbeiten, moderne englische, französische und böhmische Gläser.

An den Fenstern Glasgemälde, in einem Pultkasten antike Glasgefässe und Glasfragmente.

Ferner sind hier noch Altwiener Porcellan, Terracottagruppen aus der ehemaligen Wiener Porcellanfabrik und glasirte Fliesen untergebracht.

Saal IV. Textiles und Holzarbeiten.

Links erste Abtheilung: Gothische Stylepoche.

Links zweite Abtheilung: Geschnitzte Möbel aus der Renaissancezeit.

Links dritte Abtheilung: Eingelegte Möbel.

Dazu Gobelins, Teppiche etc.

Rechts zwei Wandgemälde in eingelegter Arbeit von *D. Röntgen,* Sculpturen in Holz, Elfenbein etc., orientalische Stickereien, Spitzen, Webereimuster vom 7. Jahrh. bis auf die Gegenwart.

Saal V. Unedle Metalle.

Die grösseren Arbeiten aus Schmiede- und Gusseisen — Geländer, Brunnenbedeckungen etc. — Figurales aus Blei u. dgl. m. ist freistehend, das Uebrige in Pult- und Wandkästen untergebracht; galvanoplastische Nachbildungen von Ornamenten, Bronzen der Antike, der Renaissance, der Gegenwart, orientalische Bronzen, Arbeiten in Messing, Blei, Aluminium, Kupfer, Zinn, Beschläge und Kunstschlösser etc. etc.

Saal VI, für gewöhnlich der wechselnden Ausstellung moderner kunstgewerblicher Arbeiten gewidmet, hat für die Dauer des Jahres 1873 die ursprünglich für die Weltausstellung bestimmten Arbeiten des Museums und der Kunstgewerbeschule aufgenommen. Das Nähere über diese Specialausstellung in dem dritten Theile dieser Schrift.

Saal VII. Bücherausstattung, Lederarbeiten, Initiale, Miniaturen, Wappen, decorative Malerei, Mosaik, Geflechte, indische, chinesische und japanische Lackarbeiten, Siegel, Wachsreliefs u. a. m.

Saal VIII. Gypsabgüsse.

An der Längswand links vom Eingange assyrisches Relief, griechische Plastik, chronologisch geordnet; an der Querwand griechische, römische und Arbeiten der deutschen Renaissance; Längswand rechts: Werke des Mittelalters, in dem Glaskasten kleinere Kunstobjecte aus allen Epochen in historischer Anordnung, auf demselben Büsten. In der Ecke und an der Eingangswand: italienische Renaissance. In der Mitte des Saals Candelaber und andere grössere Stücke. In den freistehenden Schränken moderne Arbeiten und gefärbte Gypsabgüsse.

Die Galerie im ersten Stock ist mit Statuen und Büsten in Gyps besetzt.

Saal IX enthält gegenwärtig Handzeichnungen und Aquarelle der Wiener Schule von Füger bis zum Jahre 1862, eine Periode, welche weder in die Abtheilungen der Museen und der Exposition des amateurs, noch in jene „Kunst der Gegenwart" auf der Weltausstellung fällt.

Näheres hierüber in dem dritten Theile dieser Schrift.

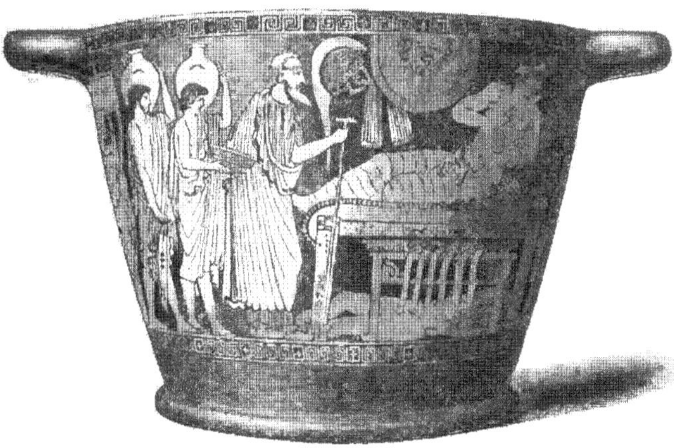

IV. Gründung des Instituts.

Den unmittelbaren Anstoss zur Gründung des Oesterreichischen Museums gab die zweite allgemeine Industrie-Ausstellung in London (1862), die dritte in der Reihe der Weltausstellungen.

Hatte man sich an der ersten Ausstellung von 1851 mit einem gewissen naiven Enthusiasmus betheiligt, der von dem Unternehmen sehr viel Grosses und Schönes erwartete, über das „Was" aber völlig im Unklaren war; so führten schon ihre Ergebnisse zur Aufstellung festerer Gesichtspunkte und brachten Beziehungen zum allgemeinen Bewusstsein, welche bis dahin nur von Wenigen erkannt worden waren. Man prüfte genau, von welchen Bedingungen die Geltung eines Industrieproducts auf dem Weltmarkt abhängig sei, erörterte eingehender das Wesen des Geschmackes und die Mittel zu dessen Hebung. Denn der Vergleich zwischen den Leistungen der verschiedenen Nationen auf dem weiten Gebiete der Industrie und die in Ziffern auftretenden Nachweise über den praktischen Erfolg, den Absatz, überzeugten Jedermann von der grossen Bedeutung eines künstlerisch gebildeten Geschmackes für beinahe jegliche Art gewerblicher Thätigkeit.

Am wenigsten konnten diese zunächst von Aesthetikern und Künstlern discutirten Fragen der Aufmerksamkeit der Staatsmänner entgehen, welche in der Steigerung des Werthes der Kunst- und Industrieproducte, der Ausdehnung ihrer Absatzgebiete, ihrem Zutritt zum Weltmarkt und ihrer Behauptung auf demselben mächtige Hebel zur Erhöhung des Nationalwohlstandes erkennen mussten. Die Ausstellung von 1851 hatte die Welt in Beziehung auf diese Fragen noch unvorbereitet getroffen, 1855 liess der Donner der

Kanonen vom schwarzen Meere her kaum zu ruhigen Erwägungen dieser Natur kommen; um so geneigter war man zu solchen 1862, da nach einem Zeitraume von eilf Jahren sich mannichfache Parallelen ziehen und die Erfolge der inzwischen aufgetretenen Bestrebungen innerhalb der Industrie selbst, wie auf dem Gebiete des gewerblichen Unterrichtswesens und der ästhetischen Bildung des Volkes sich gegen einander abwägen liessen.

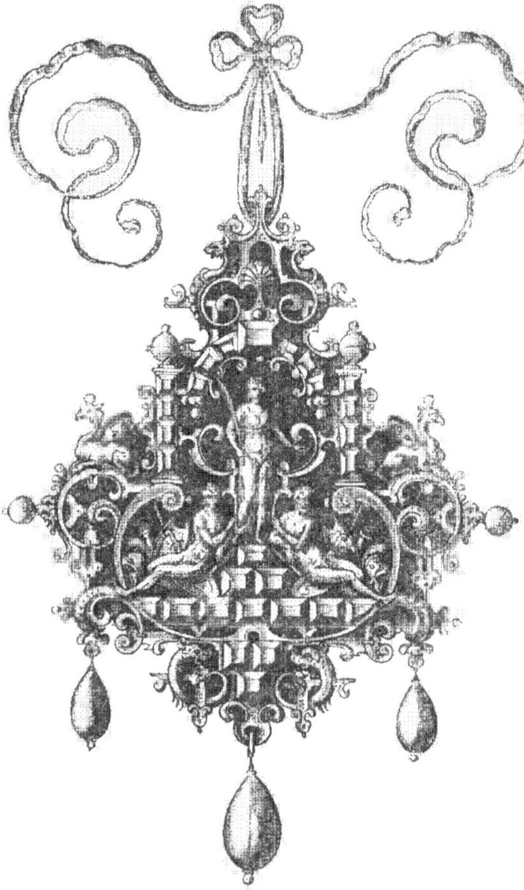

Unter diesen Gesichtspunkten betrachtet, boten die Erzeugnisse der österreichischen Monarchie kein befriedigendes Bild. Die glücklichsten Naturanlagen, lebhafter Formen- und Farbensinn und technisches Geschick waren den Bewohnern dieses Reiches schon bei Gelegenheit der früheren Ausstellungen allerseits bereitwillig zugestanden worden. Allein in ihren Fortschritten standen sie sichtlich zurück gegen vielleicht weniger begabte Völker, bei denen während des abgelaufenen Jahrzehnts ernstliche Anstrengungen zur Hebung des Geschmackes gemacht worden waren.

Diese Erscheinung fand die volle Beachtung des damaligen Ministerpräsidenten, Sr. k. Hoheit *Erzherzog Rainer*. Als der Universitätsprofessor *Rudolph v. Eitelberger*, welcher als Berichterstatter für die Abtheilung der Kunst an der Londoner Weltausstellung fungirte, im Frühjahre 1862 von London nach Wien zurückgekehrt war, erhielt derselbe vom Erzherzog Rainer den Auftrag, einen Bericht über Kunst und Kunstindustrie Oesterreichs im Vergleich mit den entsprechenden Leistungen anderer Länder zu verfassen und zugleich Vorschläge für die Hebung der Geschmacksbildung in Oesterreich zu erstatten. In diesem Berichte wurden die verschiedensten zu derartigen Zwecken gegründeten Anstalten des Auslandes, die Art und Weise der Förderung des Kunstunterrichts in den Schulen, der Benützung der Museen entsprechend gewürdigt, und insbesondere auf das South-Kensington-Museum hingewiesen, das damals, auf dem Höhepunkt seiner Entwicklung stehend, noch nicht jene ausserordentliche Ausdehnung gewonnen hatte, die gegenwärtig seine Wirksamkeit eher hemmt als fördert.

Die betreffende Denkschrift wurde Sr. *Majestät dem Kaiser* vorgelegt, und schon im Herbst des Jahres 1862 erhielt der Professor v. *Eitelberger* die Weisung, sich mit der Frage der Gründung eines Museums, das vorzugsweise zur Hebung des Geschmackes berufen sein sollte, zu beschäftigen.

Man sah gleich bei der Erörterung dieser Fragen, an der ausser Herrn Hofrath *Roschmann*, dem damaligen Chef des Ministerrathspräsidiums, Niemand Theil nahm, von der Möglichkeit ab, ein Museum dieser Art rein aus Staatsmitteln herzustellen. Bei dem Stande der Finanzen der österreichischen Monarchie konnten nicht entfernt die dazu nöthigen Summen zur Verfügung gestellt werden; vielmehr musste vom Anfange an die leihweise Aufnahme hervorragender Gegenstände aus den Kunstschätzen des kaiserlichen Hofes, des Adels, der Geistlichkeit und der Kunstliebhaber der Monarchie in's Auge gefasst werden.

Eine Enquête in einem grossen Theile der Monarchie lieferte eine Uebersicht über die vorhandenen Kunstschätze, und nunmehr konnte von Sr. k. Hoheit Erzherzog Rainer Sr. Majestät dem Kaiser ein förmlicher Vorschlag zur Gründung eines „Oesterreichischen Museums für Kunst und Industrie“ vorgelegt werden.

Die Genehmigung dieses Vorschlages erfolgte durch das nachstehende **a. h. Handschreiben:**

„Lieber Herr Vetter Erzherzog Rainer!

Da es für den Aufschwung der österreichischen Industrie ein dringendes Bedürfniss ist, den vaterländischen Industriellen die Benützung der Hilfsmittel zu erleichtern, welche die Kunst und Wissenschaft für die Förderung der gewerblichen Thätigkeit und insbesondere für die Hebung des Geschmackes in so reichem Maasse bieten, so finde Ich anzuordnen, dass eine Anstalt unter der Benennung: „Oesterreichisches Museum für Kunst und Industrie“ ehestens gegründet werde. In dieses Museum sind geeignete Gegenstände aus den Sammlungen Meines Hofes, des Arsenales vor der Belvedere-Linie, der Wiener Universität, des hiesigen polytechnischen Institutes und anderer öffentlicher Anstalten in der Art aufzunehmen, dass diese Gegenstände unter Vorbehalt des Eigenthumsrechts dem Museum dargeliehen und bei ihrer Zurückstellung nach Bedarf gegen andere umgewechselt werden. Zugleich erwarte Ich mit Zuversicht von dem bewährten Patriotismus der Gemeinden, insbesondere Meiner Haupt- und Residenzstadt Wien, des Adels und des übrigen besitzenden Publikums, dass auch deren wissenschaftliche und Kunstanstalten und Sammlungen in derselben Weise dem Museum werden nutzbar gemacht werden, wie dieses von Seite jener Meines Hofes der Fall sein wird.

Da jedoch die Gründung dieses Museums bei der zu ihrem vollen Gedeihen erforderlichen Grossartigkeit der Schöpfung jedenfalls einige Zeit in Anspruch nehmen wird, das Bedürfniss nach einem solchen Institute aber vorzugsweise auf dem Gebiete der Kunstindustrie zu Tage getreten ist, so hat die Errichtung der hierauf bezüglichen Abtheilung des Museums unter Vorbehalt der späteren Erweiterung derselben unverweilt zu erfolgen, und gestatte Ich die vorläufige Unterbringung dieser Abtheilung des Museums in dem Ballhause Meiner Hofburg.

Die darin aufzustellenden Kunstwerke sind von Meiner Hofbibliothek, von dem Depôt der Bildergalerie am Belvedere, aus den Vorräthen an Tapeten und Mobilien Meiner Hofburg und Meiner Schlösser (Schönbrunn, Laxenburg u. a.), von dem Antikencabinete, von der Ambrasersammlung, von Meiner Schatzkammer und von dem Arsenale vor der Belvedere-Linie auf die angegebene Art zu entlehnen, und ist die Gemeinde Wien, der Adel und das Publikum aufzufordern, auch aus dem Wiener Gemeinde-Arsenale und aus Privatsammlungen geeignete Kunstwerke dem Museum in derselben Art zeitweise einzuverleiben.

Die Kunstwerke sind wohlgeordnet und verzeichnet mit den nöthigen Vorsichten der Beschauung und dem Studium zu überlassen, und es ist den österreichischen Industriellen selbst Gelegenheit zur Ausstellung besonders vorzüglicher Gegenstände zu geben.

Auch ist mit dem Museum eine photographische Anstalt und eine Gypsgiesserei in Verbindung zu bringen.

Vor Allem ist jedoch für das Museum ein Statut zu entwerfen, zu dessen Ausarbeitung, sowie zur Einleitung aller die Eröffnung des Museums vorbereitenden Schritte Ich ein provisorisches Comité zu ernennen finde, welches unter dem Vorsitze des Sectionschefs im Staatsministerium Carl Edlen v. Lewinski aus dem Schatzmeister Meiner Schatzkammer und Custos Meines Münz- und Antikencabinets, Johann Gabriel Seidl, aus dem Kunstreferenten im Staatsministerium, Ministerialsecretär Dr. Gustav Heider, und aus dem ausserordentlichen Professor der Kunstgeschichte an der Wiener Universität, Rudolph v. Eitelberger, zu bestehen hat, und welches Ich ermächtige, bei eintretendem Bedarfe seine Erweiterung durch noch ein oder das andere Mitglied zu beantragen und nach Erforderniss Sachverständige zu vernehmen. Dieses Comité hat seine Anträge, sowie den von ihm verfassten Statutenentwurf unmittelbar Eurer Liebden vorzulegen.

Ich gewärtige, dass diese Angelegenheit mit der grössten Beschleunigung behandelt und Mir der Statutenentwurf, sowie die weiteren Anträge baldigst zur Beschlussfassung vorgelegt werden.

Wien, am 7. März 1863.

Franz Joseph m. p."

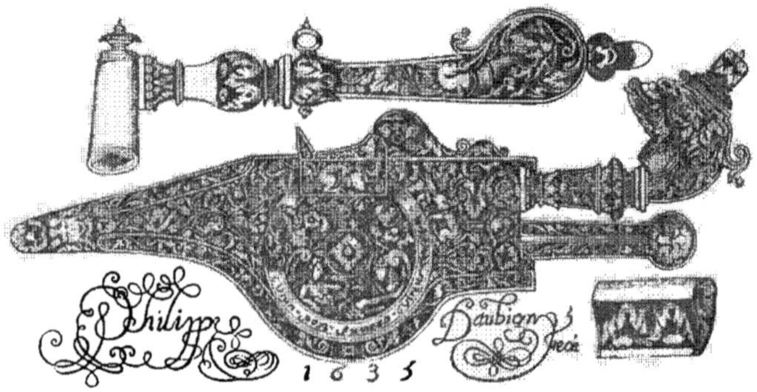

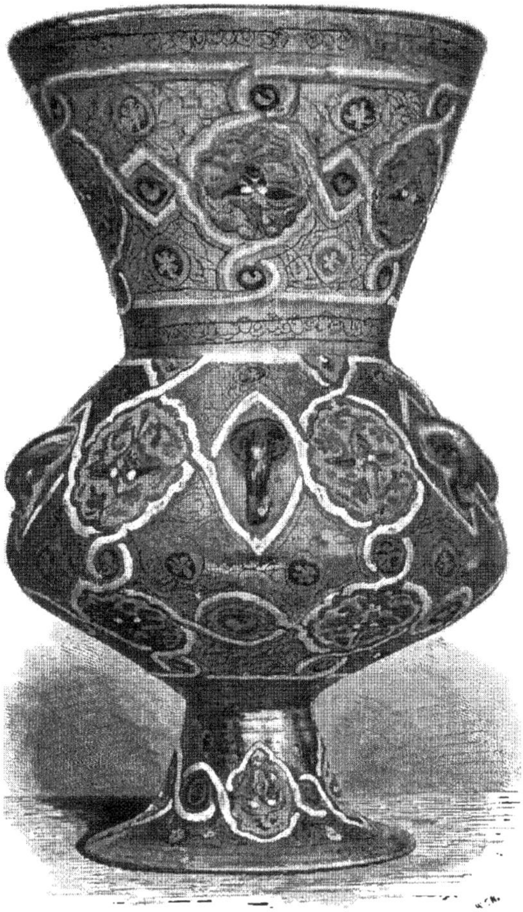

Mittelst a. h. Handschreibens vom 31. März 1863 ernannten sodann Se. Majestät den Herrn *Erzherzog Rainer* zum Protector des zu gründenden Museums und geruhten zugleich, den von dem provisorischen Comité ausgearbeiteten Statuten die Genehmigung zu ertheilen.

STATUTEN DES MUSEUMS.

A. Zweck und Umfang.

§. 1.

Das k. k. Oesterreichische Museum für Kunst und Industrie hat die Aufgabe, durch Herbeischaffung der Hilfsmittel, welche Kunst und Wissenschaft den Kunstgewerben bieten, und durch Ermöglichung der leichteren Benützung derselben die kunstgewerbliche Thätigkeit zu fördern und vorzugsweise zur Hebung des Geschmackes in dieser Richtung beizutragen.

§. 2.

Das Museum für Kunst und Industrie umfasst daher

a) diejenigen Objecte aus allen Zweigen der Kunst und Kunstindustrie, welche geeignet sind, die angegebenen Zwecke desselben zu fördern, sowohl in Originalien als in Copien, und

b) eine Bibliothek.

§. 3.

Die in diesem Museum aufzustellenden Gegenstände gelangen dahin:

a) auf dem Wege der Entlehnung:

1. aus allen Hofsammlungen und Schlössern, welche im Allerhöchsten Handschreiben vom 7. März 1863 bezeichnet sind, und zwar: aus der Hofbibliothek, aus dem Depôt der Bildergalerie am Belvedere, aus den Vorräthen an Tapeten und Mobilien der Hofburg und der kaiserlichen Schlösser (Schönbrunn, Laxenburg u. s. w.), aus dem Antikencabinete, aus der Ambrasersammlung, aus der Schatzkammer;
2. aus dem k. k. Arsenale vor der Belvedere-Linie, aus den Sammlungen der Wiener Universität, des polytechnischen Instituts und aller öffentlichen Anstalten, die im Besitze von Gegenständen sind, welche der Aufgabe und den Zwecken des Museums entsprechen;
3. aus dem Besitzthume der Communen, Corporationen und der Privaten aller Stände des Kaiserreiches, insoweit dasselbe dem Museum zur Verfügung gestellt wird;

b) auf dem Wege der Schenkung und des Vermächtnisses;

c) auf dem Wege der Erwerbung durch Kauf aus den öffentlichen Fonds und aus Privatbeiträgen, über welche das Museum zu verfügen haben wird;

d) auf dem Wege des Tausches und

e) auf dem Wege der Erzeugung innerhalb der Anstalt selbst nach den Bestimmungen des §. 7.

§. 4.

Die Bibliothek ist eine Fachbibliothek und hat solche Werke zu enthalten, welche sowohl durch Abbildungen, als durch historische, künstlerische oder wissenschaftliche Erläuterungen die Zwecke des Museums zu fördern geeignet sind.

§. 5.

Das Museum wird ferner den österreichischen Industriellen Gelegenheit bieten, besonders ausgezeichnete Arbeiten, welche in das Gebiet desselben gehören, unter Beachtung der darüber festzustellenden Reglements auszustellen.

§. 6.

Für die Sicherheit der ausgestellten Gegenstände wird in ausreichender Weise Sorge getragen. Ueber die Art und Weise werden die Reglements das Nähere enthalten.

B. Hilfsanstalten.

§. 7.

Mit dem Museum ist eine photographische Anstalt und eine Gypsgiesserei verbunden.

Die in diesen beiden Anstalten erzeugten Gegenstände dienen in Hinsicht auf die Zwecke des Museums zur Vermehrung und Ergänzung der Sammlungen und zugleich als Vorlagen für die Kunst-, Real- und Gewerbeschulen, mögen diese Staatsanstalten sein oder nicht, sowie für Fabriksbesitzer und Gewerbetreibende, Künstler und Fachgelehrte. Auch andere Zweige der Reproduction können mit dem Institute in Verbindung gebracht werden, wenn sie die Zwecke desselben zu fördern versprechen.

Ueber die Art und Weise der Benützung dieser Hilfsanstalten und deren Einrichtung werden besondere Reglements festgestellt.

§. 8.

Ausser den im §. 7 bezeichneten Hilfsanstalten können mit dem Museum auch noch besondere Institute, welche die Zwecke des Museums zu fördern geeignet sind, mit besonderer Organisirung in weitere oder nähere Verbindung gebracht werden.

C. Benützung.

§. 9.

Die im Museum aufgestellten Gegenstände, welcher Art sie sein mögen, sind der Besichtigung, der Benützung und dem Studium möglichst zugänglich zu machen, so weit es sich mit der Sicherheit und Erhaltung derselben vereinigen lässt.

Gegen den erklärten Willen eines Ausstellers darf jedoch keinerlei Nachbildung statthaben.

§. 10.

Mit dem Museum werden Vorträge in Verbindung gebracht, welche alle Gegenstände in ihren Bereich ziehen, die auf die Zwecke desselben Bezug nehmen.

§. 11.

Die im Museum ausgestellten Gegenstände sind durch zweckmässig abgefasste Kataloge zu erläutern.

§. 12.

Das Museum wird nach Massgabe des Bedürfnisses „Mittheilungen" in zwangloser Form erscheinen lassen, welche insbesondere über alle Erwerbungen und Geschenke, über die Leistungen der photographischen Anstalt, der Gypsgiesserei u. s. w., über den Gang der Vorlesungen u. m. a. berichten werden und zugleich das Mittel bieten können, die Correspondenz des Museums zu beschleunigen und abzukürzen.

§. 13.

Von Zeit zu Zeit werden von denjenigen Gegenständen, welche Eigenthum des Museums sind und ihrer Beschaffenheit nach es zulassen, auch in anderen

Städten der Monarchie Ausstellungen veranstaltet werden, worüber die näheren Bestimmungen besonderen Reglements vorbehalten sind.

D. Organisation der Institutsleitung.

§. 14.

Das Oesterreichische Museum für Kunst und Industrie ist ein Staatsinstitut und steht als solches unter dem Staatsminister.

§. 15.

Der Organismus der Museumsleitung wird gebildet:

a) aus einem Protector,

b) aus einem Curatorium und

c) aus einem Director der Anstalt.

§. 16.

Der Protector wird von Sr. Majestät dem Kaiser ernannt. Er hat die Aufgabe, sich die Förderung und Entwicklung des Museums nach allen Richtungen hin angelegen sein zu lassen; er ernennt die Mitglieder des Curatoriums und die Correspondenten, er oder der von ihm aus den Mitgliedern des Curatoriums ernannte Stellvertreter führt den Vorsitz in den Sitzungen desselben, durch ihn gehen die Berichte an den Staatsminister und die Erlässe dieses letzteren an den Director.

§. 17.

Das Curatorium hat im Allgemeinen die Aufgabe, die Zwecke des Museums und dessen Gedeihen sich angelegen sein zu lassen und den Director mit seinem Rathe zu unterstützen.

Es hat insbesondere die Monatsberichte des Directors entgegenzunehmen, die von demselben ausgehenden Vorschläge zu prüfen; es hat das Recht, seinerseits Vorschläge zu machen; es entscheidet in zweifelhaften Fällen über die Zulassung der im §. 5 angeführten Ausstellung von Gegenständen österreichischer Industrieller und äussert sich über alle Ankäufe, zu welchen die Zustimmung des Staatsministers nach der dem Director ertheilten Instruction erforderlich ist.

§. 18.

Die Anzahl der Mitglieder des Curatoriums bestimmt mit Rücksicht auf die jedesmaligen Bedürfnisse und die fortschreitende Entwicklung des Instituts der Protector. Er ernennt dieselben mit einer Functionsdauer von drei Jahren und zwar aus allen Kreisen des kunstliebenden Publicums, sowie aus den namhaftesten Vertretern der Kunstindustrie, Kunst und Kunstwissenschaft und dem Gebiete der Naturwissenschaft, endlich mit Berücksichtigung derjenigen Communen, Corporationen und Institute, welche sich um die werkthätige Förderung der Zwecke des Museums besonders verdient gemacht haben.

Für einzelne Fälle kann sich das Curatorium durch Beiziehung von Fachmännern verstärken.

§. 19.

Das Curatorium versammelt sich regelmässig am 15. eines jeden Monats; fällt der 15. jedoch auf einen Sonn- oder Feiertag, so ist der nächstfolgende Wochentag der Tag der Sitzung.

In dringenden oder wichtigen Fällen kann jedoch der Protector oder dessen Stellvertreter auch eine aussergewöhnliche Sitzung anordnen.

Der Director und erste Custos haben in den Sitzungen des Curatoriums Stimmrecht; der erstere hat zugleich die Functionen eines Referenten zu übernehmen.

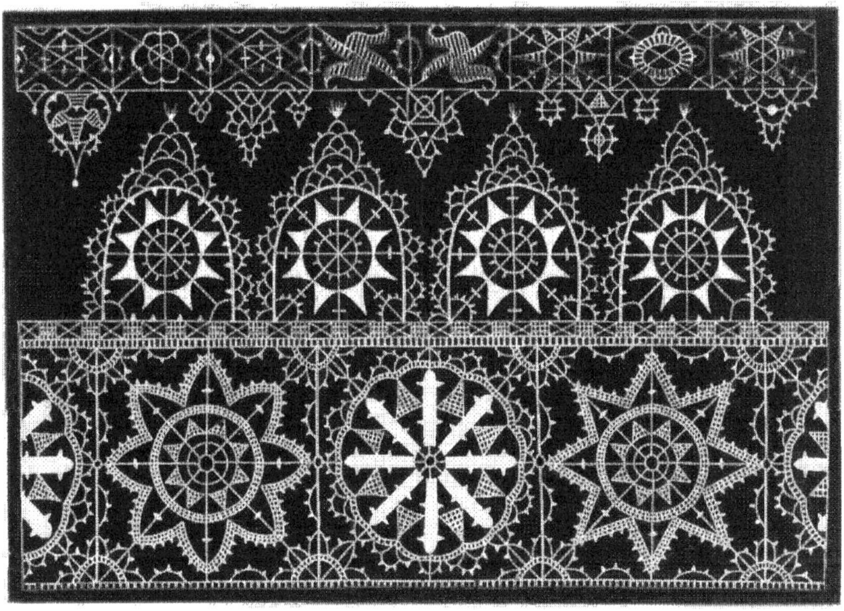

§. 20.

Die unmittelbare Leitung des Museums führt der Director, der die Anstalt auch nach aussen vertritt. Unter demselben steht das Bureau; er wacht und entscheidet über die Anordnung der Ausstellungen und Sammlungen, sowie über die Abfassung der Kataloge und sonstiger Verzeichnisse; er führt die Correspondenz; er entscheidet innerhalb der ihm vorgezeichneten Instruction über den Ankauf und Erwerb der Gegenstände für die Sammlungen, ferner über den Inhalt der Mittheilungen und der künstlerischen Publicationen, sowie er die summarischen Monatsberichte und den umständlichen Jahresbericht zu erstatten hat; ihm steht die oberste Leitung der Hilfsanstalten zu und er nimmt die Auswahl der in denselben zur Vervielfältigung kommenden Gegenstände vor.

§. 21.

In Verhinderungsfällen wird der Director durch den ersten Custos vertreten.

§. 22.

Die nöthige Verbindung des Museums nach auswärts wird durch Correspondenten hergestellt und erhalten.

Die Correspondenten übernehmen die Verpflichtung, die Interessen und Zwecke des Museums in den Kronländern oder im Auslande zu fördern, insbesondere von allen neuen und für das Museum wichtigen Vorgängen den Director in Kenntniss zu setzen, bei Ankäufen und Tauschgeschäften in ihrem Aufenhaltsorte mitzuwirken und die Zusendung von Ausstellungsobjecten zu vermitteln.

Damit sie in steter Kenntniss der Angelegenheiten des Museums zu bleiben im Stande sind, werden ihnen die gedruckten „Mittheilungen" zugesendet.

§. 23.

Das Amt der Mitglieder des Curatoriums, sowie der Correspondenten ist ein Ehrenamt.

§. 24.

Die Organisation des Bureaus, sowie die der einzelnen Abtheilungen des Institutes ist durch besondere Reglements festgestellt.

E. Fortentwicklung und Erweiterung.

Mit Rücksicht auf die gewonnenen Erfahrungen wird der Protector seinerzeit bezüglich der Erweiterung des Museums im Sinne des a. h. Handschreibens vom 7. März 1863 die nothwendigen Vorberathungen einleiten.

Endlich wurden mittelst desselben kaiserlichen Handschreibens das provisorische Comité unter Bezeugung der a. h. Zufriedenheit von seiner Function enthoben, der ordentliche Professor der Kunstgeschichte an der Wiener Universität *Rudolph Eitelberger v. Edelberg* zum Director des Museums, der fürstlich Liechtenstein'sche Bibliothekar *Jacob Falke* zum ersten Custos und Director-Stellvertreter ernannt.

Als vorläufiges Local erhielt das Museum das kaiserliche Ballhaus zugewiesen, welches durch Um- und Zubauten so gut es ging für die Bedürfnisse des Instituts hergerichtet und in welchem die Anstalt am 31. Mai 1864 mit einer Ausstellung eröffnet wurde.

Wenn damals eine solche, wie früher erwähnt, nur durch das liberale Entgegenkommen der Hof- und Staatsmuseen, der Stifte und Klöster und der Besitzer von Privatsammlungen möglich war, so entwickelten sich doch bald die eigenen Sammlungen des Museums durch Ankäufe im Grossen und Kleinen (beispielsweise der *Drugulin'schen Ornamentstichsammlung*, der *Bock'schen Sammlung von Webereien und Stickereien*, einer *Vasensammlung* bei *Castellani*), Geschenke (u. a. des Nachlasses der aufgelösten k. k. *Porcellanmanufactur*), Reproductionen aus den eigenen Ateliers des Museums u. s. w. in einem Maasse, dass man der Entlehnung mehr und mehr entrathen konnte, aber auch das Ungenügende der provisorischen Räumlichkeiten sich immer drückender fühlbar machte.

Die bereits bei der Gründung des Museums in's Auge gefasste Unterbringung desselben in einem geeigneten Gebäude wurde um so dringlicher durch die Errichtung einer mit dem Museum verbundenen Kunstgewerbeschule *), für welche wieder nur ein provisorisches, wenig geeignetes und von dem Museum weit entlegenes Local in der ehemaligen k. k. Gewehrfabrik zur Verfügung gestellt werden konnte. Dadurch wurde der Verkehr beider Institute mit einander ein weitläufiger und zeitraubender, die Benützung der Sammlungen durch die Schule in dem wünschenswerthen Grade kaum ausführbar. Gegen die Unterbringung beider Institute in den zu erbauenden grossen Museen aber sprach neben anderen inneren und äusseren Gründen schon der Umstand, dass die Herstellung jener Gebäude einen für die Bedürfnisse des Oesterreichischen Museums viel zu langen Zeitraum in Anspruch nehmen musste.

Am 7. Februar 1867 trug desshalb eine Deputation des Curatoriums Sr. Majestät dem Kaiser die allerunterthänigste Bitte vor, das provisorische Local womöglich durch ein eigens für die Zwecke des Museums gebautes ersetzen zu lassen, damit „dieses aufblühende Institut, welches in kurzer Zeit so schön sich entfaltete, auch für die fernere Zukunft gesichert und entwickelungsfähig bleibe".

*) Vergl. über diese den zweiten Theil dieser Schrift.

Se. Majestät erkannten die grosse Wichtigkeit der Sache an, gaben die gnädigsten Zusicherungen und ertheilten mittelst a. h. Entschliessung vom 30. Juli 1867 dem damaligen Staatsministerium die Weisung, den Bau mit Beschleunigung in Angriff zu nehmen.

Auch diese Angelegenheit erfreute sich der wärmsten Befürwortung seitens der Stadtvertretung. Differenzen, welche sich über die Wahl des Platzes vor dem Stubenthore und die Bestimmung der Baulinie ergaben, wurden in entgegenkommender Weise beigelegt, und schon im Herbst des genannten Jahres konnten die Pläne des Architekten *Heinrich Ritter v. Ferstel* dem Ministerium übergeben werden, welche unter dem 19. März 1868 die a. h. Genehmigung erhielten.

Zur Leitung und Ueberwachung des Baues wurde ein Baucomité eingesetzt, bestehend aus dem Chef des Departements für den Hochbau beim Ministerium des Innern, Ministerialrath *Moriz Ritter v. Löhr,* dem damaligen Referenten für Kunstangelegenheiten im Ministerium für Cultus und Unterricht, Ministerialrath Dr *Gustav Heider,* dem administrativen Baureferenten daselbst, Ministerialrath *Josef Ritter v. Tandler* und nach dessen Jubilirung Ministerialrath *Josef Krumhaar,* dem Vertreter des Gemeinderathes im Curatorium *Achilles Melingo,* dem Director des Museums, Professor Dr. *Rudolf v. Eitelberger* und dem Architekten Professor *Heinrich Ritter v. Ferstel,* welcher zugleich die technisch-artistische Bauleitung übernahm.

Die Grundsteinlegung erfolgte im Herbst 1868, und ungeachtet der vielen Störungen, welche durch die Schwierigkeiten im rechtzeitigen Beziehen des Materiales und dem Mangel an Arbeitskräften, beide verursacht durch die ausserordentlich grosse Bauthätigkeit in Wien, sowie durch die strenge Witterung in den Wintern 1869/70 und 1870/71 erwuchsen, wurde die feierliche Schlusssteinlegung am 4. November 1871 möglich.

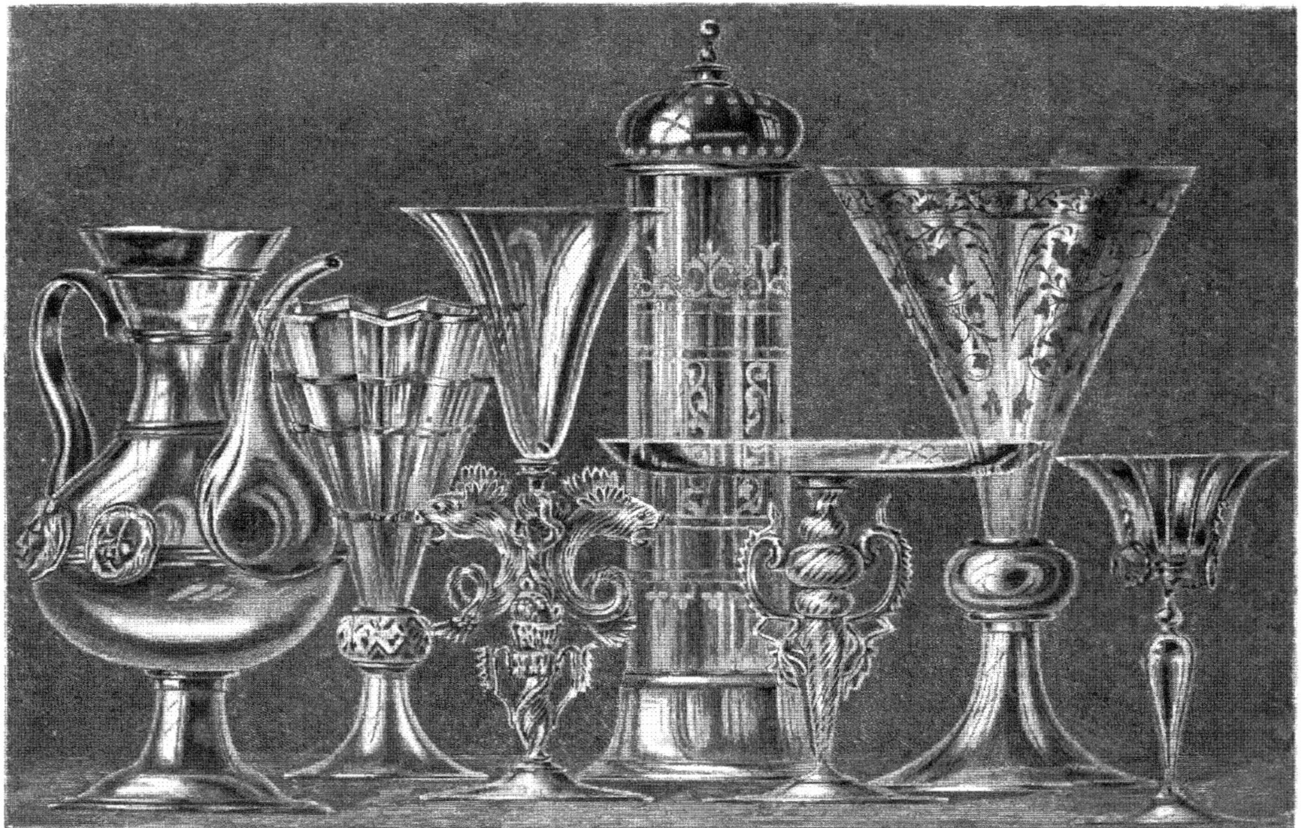

F W BADER WIEN sc.

V. Wirksamkeit des Museums.

Gemäss seiner Aufgabe war das Museum von Anfang an bemüht, Einfluss auf die weitesten Kreise zu gewinnen. Zu allererst musste freilich das Augenmerk darauf gerichtet sein, die Sammlungen so vollständig als möglich einzurichten, übersichtlich und instructiv aufzustellen und dem Publicum Wiens zugänglich zu machen. Das geschah und hatte auch sichtlich den besten Erfolg. Das Museum wurde besucht in den Jahren

1864	von	56.891	Personen	(vom 20. Mai ab)
1865	„	118.438	„	
1866	„	101.733	„	
1867	„	118.802	„	
1868	„	102.460	„	
1869	„	97.680	„	
1870	„	87.892	„	
1871	„	52.927	„	(bis 24. Sept. im Ballhause)
		42.746	„	(vom 5. Nov. ab im neuen Hause)
1872	„	129.441	„	
		909.010	Personen,	

also durchschnittlich von mehr als 106.000 Personen jährlich, bei welcher Summe alle Diejenigen, welche des Studiums oder Copirens halber freien Eintritt geniessen, nicht mitgezählt sind.

Allein hiermit konnte eine Anstalt sich nicht genügen lassen, welcher so eminent praktische Ziele vorgezeichnet sind. Das Museum soll nicht die müssige Schaulust befriedigen, sondern bilden, unterweisen und anregen. Es kam also vor Allem darauf an, eine richtige Auffassung der Bestrebungen des Museums zu verbreiten, Producenten und Consumenten für diese zu interessiren, die Bedeutung der reformatorischen Bewegung auf dem Gebiete des Geschmackes für die Cultur wie für das wirthschaftliche Leben den gebildeten Kreisen klar zu machen, den Inhalt der Sammlungen unter historischem und künstlerischem Gesichtspunkte zu erläutern.

Zu diesem Zwecke begann bereits am 20. October 1864 Director *v. Eitelberger* einen Cyklus von 9 Vorlesungen über die hervorragendsten Kunstwerke im Oesterreichischen Museum, im Februar 1865 folgte Custos *Falke* mit 4 Vorlesungen über Theorie und Geschichte der Ornamentik; ausserdem hielt Prof. Dr. *v. Schrötter* im Januar und Februar 1865 11 Vorträge über Optik und Farbenlehre; und die lebhafte Theilnahme, welche diese Vorträge erregten, führte dahin, derartige unentgeltliche Vorlesungen zu einer ständigen Einrichtung zu machen.

An diesen Donnerstags-Vorlesungen, welchen sich gelegentlich noch an anderen Tagen mehr für ein Fachpublicum berechnete Vorträge anreihten, betheiligten sich zahlreiche Gelehrte und Künstler, und es wurde möglich, in jedem Winter eine Reihe von Thematen zur öffentlichen Besprechung zu bringen, welche dem Wirkungskreise des Museums unmittelbar entnommen sind oder doch denselben berühren: neben Fragen des Geschmacks und des Stils, historisch-kritischen Erörterungen über einzelne Perioden oder Richtungen in der Kunst, über hervorragende Kunstschöpfungen, über Techniken und Materialien wurden auch die Beziehungen der Kunst und des Gewerbes zur Volkswirthschaft, zur Gesetzgebung u. dgl. m. behandelt.

So sprachen im Winter 1865/66 Director *v. Eitelberger* über das Kunstleben in Oesterreich im Verhältniss zum Museum (2) und über die Exposition des beaux arts appliqués à l'industrie in Paris (1); Custos *Falke* über die Entwickelung des modernen Geschmacks (10); Architekt *Heinrich v. Ferstel* über Perspective (8); Oberbaurath *Ed. Van der Nüll* über die Herstellung der Façade von Sta. Maria del fiore zu Florenz (1); Dombaumeister *Friedr. Schmidt* über die Entwickelung der gothischen Architektur mit besonderer Berücksichtigung der Kleinkünste (3); Prof. Dr. *Carl v. Lützow* über die Geschichte der ornamentalen Künste bei den Griechen und Römern (6);

Baudirector *v. Ruppert* über seine Entwürfe für Ueberbrückungen grosser Spannweiten (2);

1866/67: Director *v. Eitelberger:* Jahresbericht (1) und über die Pariser Weltausstellung (4); Custos *Falke:* Geschichte der k. k. Aerarial-Porcellan-Manufactur (1) und Geschichte der Weberei und Stickerei vom Standpunkte der Kunst (2); Prof. *Ed. Suess* über Baugesteine (2); Prof. *v. Lützow* über griechische Götterideale (6); Prof. *Ad. Beer* über Volkswirthschaft der Gewerbe (6); Dr. *Carl*

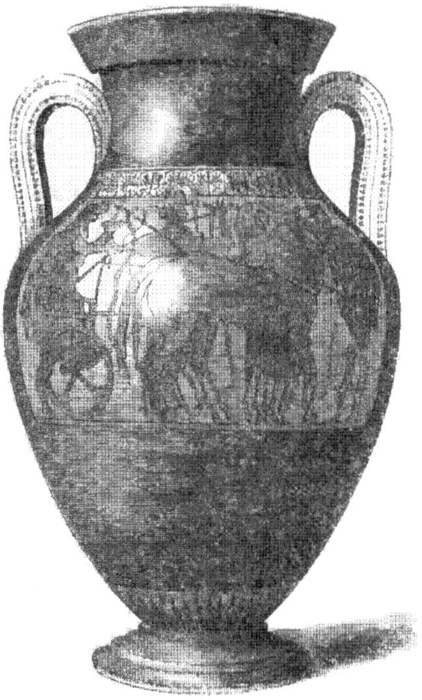

Czerny (gegenwärtig Professor an der Universität Freiburg) über Farbenphysiologie (4);

1867/68: Director *v. Eitelberger:* Jahresbericht (1) und über die Kunst auf der Pariser Ausstellung (3); Custos *Falke* über die Kunstindustrie auf der Pariser Ausstellung (1); Prof Dr. *Julius Glaser* (gegenwärtig Justizminister) über das geistige Eigenthum mit Rücksicht auf die Kunst (1); Prof. *W. F. Exner* über Papier- und Tapetenfabrication (1); Prof. Dr. *C. Langer* über die Proportionen des menschlichen Körpers (2); Prof. *v. Lützow* über die Akropolis von Athen (7);

1868/69: Director *v. Eitelberger*: Jahresbericht (1) und über die Architekten Van der Nüll und Sicardsburg (1); Prof. *Exner* über das Holz als Rohstoff für Kunstgewerbe (2); Prof. *Heinr. Hlasiwetz* über Galvanoplastik (1) und über Photographie (1); Prof. *Ad. Beer* über die Bedingungen der industriellen Entwicklung und die Industrie im 19. Jahrh. (1), über die Baumwollenindustrie (1), über Industrie und Fortschritt (1) und über die Epochen des Welthandels (1); Prof. *C. v. Lützow* über die Leukothea (1), über den Sophokles im Lateran (1), über den Hildesheimer Silberfund (1) und über den Apoll von Belvedere (1);

1869/70: Director *v. Eitelberger:* Jahresbericht und über die Trélat'sche Architekturschule in Paris (1), über die Aufgabe der Kunst in der Kirche (1); Prof. *Hlasiwetz* über Mörtel und Cement (2); Dr. *M. Thausing* über die Albertina (1); Custos *Falke* über Verzierung und Ausstattung der Wohnung (4) und über Tisch und Tafel (1); Prof. Dr. *Schäffle* über das Verhältniss zwischen Capital und Lohnarbeit mit Rücksicht auf die modernen socialen Theorien (5); Prof. *Exner* über Kunsttischlerei vom technischen Gesichtspunkte aus (2);

1870/71: Director *v. Eitelberger:* Die österreichische Industrie und die heutige Weltlage (1); Prof. *Hlasiwetz* über Chemie der Thonwaaren (2); Prof. *C. v. Lützow* über die Thonwaarenfabrication der Athener (2); Prof. *Exner* über die Mechanik der Thonwaarenfabrication (1); Prof. *Alex. Conze* über die Grabdenkmäler der Griechen und Römer (1); Custos *Falke* über Einrichtung und Schmuck der Wohnung in früheren Zeiten (4); Oberbaurath *Friedr. Schmidt* über den Ausbau des Stephansdoms (1); Dr. *M. Thausing* über Albrecht Dürer (5).

Bis hierhin war das Abhalten von Vorlesungen im Museum mit grossen Unbequemlichkeiten verbunden; da kein eigener Raum für solche vorhanden war, musste in einem der Ausstellungssäle nothdürftig Platz geschafft werden, der bei mangelhafter Ventilation für die Zuhörer so wenig wie für die Redner zusagend sein konnte. Im November 1871 aber konnte der eigene schöne Vorlesesaal im neuen Gebäude seinem Zwecke übergeben werden und hiermit beginnt ein neuer Abschnitt auch auf diesem Gebiete.

Es sprachen im Winter 1871/72 an Donnerstagen: Director *v. Eitelberger:* Jahresbericht (1), über Tizian und das coloristische Princip in der Malerei (2); Custos *Falke* über die Londoner Ausstellung von 1871 (1), über die ornamentale Kunst der Renaissance (3); Prof. *v. Lützow* über die Holbein'schen Madonnen (1), über die architektonischen Elemente in der Wandmalerei der Renaissance (2); Prof. *A. Conze* über Museen für Plastik (9) und über antike Barbarenbilder (1); Oberbaurath *v. Ferstel* über den Neubau des Oesterreichischen Museums (1); Prof. *Exner* über die Industrie im Böhmerwalde (1); Prof. *E. Ludwig* über Theerfarben (2); Dr. *F. Lentner* über den Künstler- und Gelehrtenstand im alten Rom (1);

an Sonntagen: Hofrath *v. Eitelberger* über die wichtigsten Baustile (1); Prof. *Leander Ditscheiner* über Farbenlehre (3); Architekt *A. Hauser* über Säulenordnungen (3); Prof. *F. W. Exner* über die Fortschritte im Ausstellungswesen (1);

im Winter 1872/73 an Donnerstagen: Dir. *v. Eitelberger* über die Akademien in ihrer historischen Entwickelung (1), über die Ursachen des Verfalls der grossen Kunst in der Malerei (1); Prof. *Conze* über den Gesichtsausdruck in der antiken Kunst (1); Prof. *Franz Neumann* über die Kunst in der Volkswirthschaft (1) und über die Kunst in der Privatwirthschaft (1); Dr. *M. Thausing* über die deutsche Kunstreform im 16. Jahrh. (2); Prof. *E. Ludwig* über Glasfabrication (2); Prof. *v. Lützow* über Jos. Anton Koch und seine Stellung in der deutschen Kunst (1); Oberbaurath *v. Ferstel* über den Universitätsbau (1); Architekt *Alois Hauser* über die Formen des Porcellans (1); Reg.-Rath *Falke* über Benvenuto Cellini und die Goldschmiedekunst der Renaissance (2); Custos *Friedr. Lippmann* über die Geschichte des Kupferstiches (3); Prof. *Exner* über die Theilnahme des Weibes an der Fabriksarbeit (1);

an Sonntagen: Hofr. *v. Eitelberger:* Uebersicht der wichtigsten Stilarten (4); Prof. *E. Ludwig:* Verzierung der Thonwaaren (4); Architekt *A. Hauser* über Möbel der Antike, des Orients, des Mittelalters, der Renaissance (3); Prof. *F. W. Exner* über Maschinen für Kleingewerbe (1) und über den Zusammenhang der Werkzeugsform mit der Beschaffenheit des Rohstoffs (1); Sect.-Rath Dr. *Migerka* über die Weltausstellung in Wien (1);

an Montagen: Prof. Dr. *E. Hornig* über Photographie (4);

an Mittwochen: Prof. *A. Conze* über die Göttergestalten der griechischen Kunst (12).

Diese mehr als zweihundert Vorträge, die zu veranstalten nur durch den Hinzutritt immer neuer — aber nur einheimischer — Lehrkräfte möglich war, übten, wie das in der Natur der Sache liegt, nicht durchweg die gleiche Anziehungskraft aus. In der Regel aber war der Zudrang zu gross für den Raum, und das Museum darf wohl mit einiger Befriedigung darauf hinweisen, wie viel Anregung und Belehrung von diesen Vorträgen ausgegangen ist.

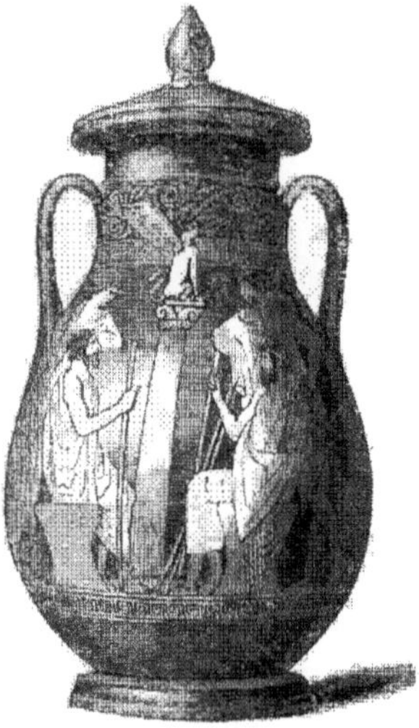

Neben diesen Vorträgen und die gleichen Ziele verfolgend gingen die literarischen und artistischen Publicationen einher. Nach Abfassung der Kataloge wurde in den „Mittheilungen des Oesterreichischen Museums“ (Redacteur Dr. *Georg Thaa*, Secretär des Museums) ein Organ geschaffen, welches in erster Linie Correspondenzblatt der Anstalt, dann aber, wie schon der Nebentitel „*Monatsschrift für Kunst und Kunstgewerbe*“ anzeigt, der Besprechung aller das Gebiet der Kunstindustrie berührenden Fragen gewidmet ist. Das erste, 1864 erschienene Heft enthielt die Gründungsurkunde, die Statuten, Reglements u. s. w.; mit dem 15. October 1865 begann die regelmässige Ausgabe von Monatsheften, in welchen über die im Museum ausgestellten Gegenstände, über neue Erwerbungen, Vorlesungen, Publicationen, Personalien etc. der Anstalt, über verwandte Bestrebungen an anderen Orten, über Zeichen- und Fachschulwesen, über Forschungen und Erfindungen auf dem Gebiete der Kunsttechnik u. s. w. berichtet wird. Die Beiträge werden fast ausschliesslich von den am Museum Angestellten geliefert.

Die erste artistische Publication — abgesehen von den blattweis ausgegebenen photographischen Aufnahmen nach Kunstarbeiten aller Art — war „*Die burgundischen Gewänder* der k. k. Schatzkammer“. Dieses Werk enthält auf zwölf Blättern photographische Copien nach den berühmten sechs Gewandstücken, welche der Tradition zufolge Herzog Philipp der Gute von Burgund als Messornat für den Orden vom goldenen Vliess sticken liess, und kunstgeschichtlich und technologisch erläuternden Text (1864).

Hierauf folgten die auf lithographischem Wege vervielfältigten „*Umrisse antiker Thongefässe*“ (1865) und „*Ornamente antiker Thongefässe*“ (1866), zwei Vorlagenwerke, welche die Haupttypen der antiken Gefässformen sowie die gebräuchlichsten Verzierungen an solchen in Beispielen aus der Vasensammlung des Museums darlegen; — *„Hans Sibmacher's Stick- und Spitzen-Musterbuch“*, auf Stein übertragene Photographien nach „Schön Neues Modelbuch von allerlei lustigen Mödeln naczunehen Zuwürcken und Zusticken. Nürnberg 1597“ (1866, Verlag von C. Gerold's Sohn in Wien); — *„die byzantinischen Buchdeckel der Marcusbibliothek in Venedig“*, Photographien nach fünf byzantinischen, reich mit Gemälden in Zellenschmelz geschmückten Einbänden, welche dem Museum von der Verwaltung der Marcusbibliothek zur Ausstellung und zur Abbildung überlassen worden waren; — *„Ottavio Strada's Entwürfe zu Prachtgefässen in Silber und Gold“*, getreue Copien von Zeichnungen, welche der Künstler für Kaiser Rudolf II. gemacht hat und die sich jetzt in der fürstlich Dietrichstein'schen Bibliothek zu Nikolsburg befinden (1869, Verlag der Beck'schen Universitätsbuchhandlung in Wien); — *„Ueber keramische Decoration und Emaillage“*, zwei Abhandlungen Salvétat's für Laboulayes Dictionnaire des arts et manufactures, Complém., in's Deutsche übersetzt (1871, Verlag von W. Braumüller in Wien); — *„Illustrirter Katalog der Ornamentstichsammlung“* von *Franz Schestag* (1871); *„Studie über chinesisches Email“* von *Friedr. Lippmann* (1872, L. Rosner in Wien).

Mit Unterstützung des Museums wurden herausgegeben: *„Ornamente aus der Blüthezeit italienischer Renaissance* (Intarsien)“, Originalaufnahmen des Prof. *Valentin Teirich* nach eingelegten Holzarbeiten in den Kirchen etc. Oberitaliens, fünf Hefte mit Text (1871 und 1872, Verlag der Beck'schen Universitätsbuchhandlung in Wien); — *Stickmuster,* mit Benützung der besten Vorbilder entworfen von *E. Drahan,* sechs Hefte (1873, Verlag von Hartinger & Sohn in Wien). In Vorbereitung sind: Eine Publication des Prof. *Teirich* über *eingelegte Marmorornamente der italienischen Renaissance* (Wien, Beck'sche Universitätsbuchhandlung) und ein Werk des Professors *Conze* über die Göttergestalten der griechischen Kunst, etwa hundert Tafeln Abbildungen mit Text (Wien, R. v. Waldheim).

Ferner sind von den im Museum gehaltenen Vorträgen in Druck erschienen:

Ueber Baugesteine von Prof. Dr. *Ed. Suess* (1867); — Geschichte der Porcellanfabrik in Wien von *J. Falke* (1867);

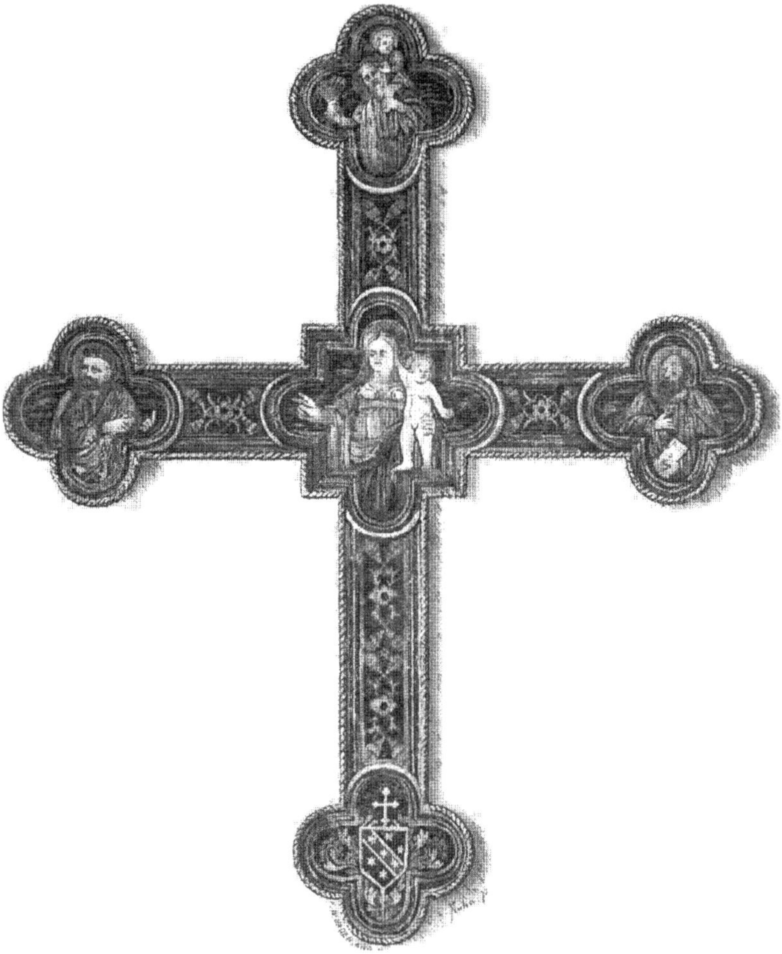

— Das geistige Eigenthum mit Rücksicht auf die Kunst von Dr. *Jul. Glaser* (1868); — Das Holz als Rohstoff von Prof. Dr. *F. Exner* (1869); — Die österreichische Industrie und die heutige Weltlage von *R. v. Eitelberger* (1870); — Die Restauration der Stephanskirche in Wien von *Fr. Schmidt* (1871).

Ohne direct Publicationen des Museums zu sein, stehen doch mit dem Wirken desselben in genauer Beziehung die Schriften von *Jac. Falke*: „Geschichte des modernen Geschmacks“ (Leipzig 1868), „Die Kunstindustrie der Gegenwart, Studien auf der Pariser Weltausstellung im Jahre 1867“ (Leipzig 1868), „Die Kunst im Hause“ (Wien, Gerold's Sohn 1871); — desgleichen die vom Director *v. Eitelberger* in Verbindung mit Fachgelehrten herausgegebenen „Quellenschriften für Kunstgeschichte und Kunsttechnik des Mittelalters und der Renaissance“ (Wien, Braumüller), von welchen bis jetzt die folgenden erschienen sind: *Cennini's* Tractat über Malerei, übersetzt und erklärt von *A. Ilg*, *A. Dürer's* Briefe und Tagebücher, übersetzt und erläutert von Dr. *Moriz Thausing*, *L. Dolce's Aretino* oder Dialog über Malerei, übersetzt von *C. Cerri*, erläutert von *R. v. Eitelberger*, *Heraclius* von den Farben und Künsten der Römer, Original und Uebersetzung mit Einleitung und Noten von Dr. *A. Ilg*; endlich das Vademecum von *B. Bucher*: „Die Kunst im Handwerk“ (Wien, Braumüller).

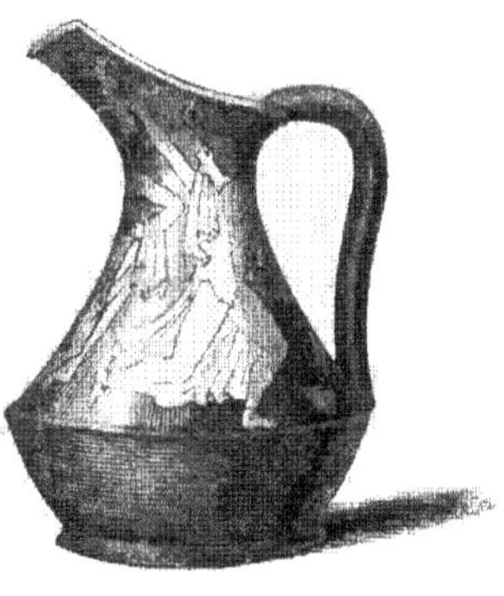

Consequent seine Stellung als Reichsinstitut im Auge behaltend, war das Museum, wie es schon mit diesem Theile seiner Thätigkeit weit über die Grenzen eines localen Wirkens hinausgriff, gleichzeitig auch darauf bedacht, an der Belehrung und Geschmacksbildung durch Anschauen so viel als möglich alle Theile des Reiches participiren zu lassen.

Dies geschah einerseits durch Veranstaltung eigener Filialausstellungen in den Kronländern, andererseits durch Beschickung von Industrie-Ausstellungen. Bei Auswahl der Gegenstände wurde selbstverständlich vor Allem auf diejenigen Industriezweige Rücksicht genommen, welche in den betreffenden Gegenden gepflegt werden oder für deren Pflege mindestens die Bedingungen vorhanden sind.

Die erste Filialausstellung fand in *Leitmeritz* (in der bischöflichen Residenz) in den Monaten September und October 1865 statt, und zwar mit so gutem Erfolge, dass das bei derselben versuchsweise befolgte System auch für alle folgenden Ausstellungen angenommen werden konnte. Das Museum hatte keramische Gegenstände, Webereien und Stickereien, galvanoplastische Nachbildungen von Metallgefässen, ferner Gypsabgüsse und Photographien gesandt, ferner verschiedene Industrielle veranlasst, sich zu betheiligen, sowie andererseits Adel, Klöster und Städte der Umgegend Kunstschätze aus ihrem Besitze beisteuerten. Während ihrer etwa einmonatlichen Dauer wurde die Ausstellung in Leitmeritz von weit über 6000 Personen besucht, das Erträgniss gestattete, die dortige Oberrealschule mit geeigneten Gypsabgüssen zu versehen, und allerseits wurde hervorgehoben, in wie hohem Grade anregend diese Ausstellung gewirkt habe.

Dieser günstige Ausfall des ersten Unternehmens ermunterte sowohl das Museum als die Freunde der Sache in den Kronländern, auf diesem Wege fortzuschreiten. So folgten — stets mit der Vorsorge, nicht blos für den Moment anzuregen, sondern gleichzeitig zur Verbesserung der Grundlage alles kunstgewerblichen Fortschritts, des Zeichenunterrichts an Real- und Gewerbeschulen, beizutragen — Ausstellungen in *Brünn*, veranstaltet vom mährischen Gewerbeverein (December 1365 und Jänner 1866), *Graz* (steiermärkischer Kunstindustrieverein, März 1866), *Linz* (bei Gelegenheit des Volksfestes im September 1867), *Graz* (wie oben, Jänner 1868), *Brünn* (wie oben, Februar 1868), *Reichenberg* (August-September 1868), *Prag* (Handels- und Gewerbekammer, October 1868), *Graz* (wie oben, Mai 1869), *Brünn*, *Pilsen* (Handels- und Gewerbekammer), *Linz* (Diöcesan-Kunstverein), *Innsbruck* (tirolisch-vorarlbergischer Kunstverein), sämmtlich 1869; *Znaim* (keramische Ausstellung) und *Graz* (wie oben), beide 1870; *Brünn*, *Klagenfurt*, *Eger*, *Bielitz*, *Olmütz*, sämmtlich 1871. Ausserdem beschickte das Museum auf den Wunsch der Architektenvereine in *Prag* und *Pest* deren Jahresausstellungen und betheiligte sich an den internationalen Ausstellungen in *Stettin* 1865, *Paris* 1867 und *Wittenberg* 1869.

Während des Jahres 1872 äusserte sich weder das Verlangen nach solchen Provinzialausstellungen, da man überall für das Weltausstellungsjahr rüstete, noch hätte das Museum sich betheiligen können, da eben dessen Sammlungen neu geordnet wurden.

Die Betheiligung des Museums an der *Weltausstellung* ist Gegenstand des dritten Theiles dieser Schrift.

Hier sind noch die Specialausstellungen zu erwähnen, welche zu verschiedenen Zeiten im Museum selbst veranstaltet worden sind. So kamen, um nur das Wichtigere hervorzuheben, im Jahre 1865 *Muraneser Glasarbeiten* und Arbeiten der höheren *Webereischule in Brünn*, 1866 eine Sammlung von beinahe 200 Prachtstücken *Altwiener Porcellans* aus dem Besitze der Frau *Fürstin Dietrichstein*, 1868 (bei Gelegenheit des deutschen Künstlertages) 175 *Handzeichnungen älterer Meister*, 1871 (zum Dürer-Jubiläum) 264 Zeichnungen, Aquarelle, Stiche etc. *Dürer's*, 1872 in mehreren Folgen Proben aller *graphischen reproducirenden Künste* zur Ausstellung.

Die letzterwähnte Specialausstellung begann am 1. Mai 1872 mit einer Darstellung des gesammten Gebietes mit Berücksichtigung der dabei zur Anwendung gelangten Arten der Technik in historischer Aufeinanderfolge, als: Teig-, Model- und Reiberdrucke, Holzschnitte, Metallschnitte, Niellenabdrücke, Kupfer- und andere Metallstiche, Clairobscure, Farbendrucke, Lithographien u. s. w bis zur Photographie, Heliogravure, Naturselbstdruck etc. Weiter wurden Gruppen von Stichen, Chromolithographien u. dgl. m. vorgeführt.

Von hervorragender Bedeutung war die „Oesterreichische Kunstgewerbeausstellung", mit welcher das neue Museumsgebäude eröffnet wurde.

Hier trat zum ersten Male das Kunstgewerbe nicht als Anhängsel anderer Industriezweige oder der Erzeugnisse der Bodenproduction, ja überhaupt nicht gemeinschaftlich mit solchen auf, bestimmte vielmehr allein die Grenzen der Ausstellungsfähigkeit.

Diese Grenzen waren in den zwei Bedingungen gezogen, dass die auszustellenden Gegenstände erstens moderne Erzeugnisse der inländischen Kunstindustrie sein und zweitens höheren Anforderungen in Bezug auf Form und Ornamentation gerecht werden, einen Fortschritt in der Entwicklung des Kunstgewerbes und des Geschmackes bekunden mussten. Indessen konnte auch die Verwendung einer neuen oder erneuerten, auf die Kunstgewerbe sich beziehenden Technik zur Ausstellung berechtigen.

Selbstverständlich waren einerseits sowohl Gegenstände der reinen Kunst, wie Historiengemälde, Genrebilder, Landschaften u. s. f., desgleichen rein constructive architektonische Entwürfe, als auch andererseits Maschinen, Rohproducte aller Art und rein gewerbliche Erzeugnisse, bei denen die Kunst weder in Bezug auf Form, noch in Bezug auf Verzierung Anwendung gefunden hat, von dieser Ausstellung ausgeschlossen.

Ferner waren nicht nur die Verfertiger der Gegenstände selbst, sondern auch die Modelleure und Zeichner derselben zur Ausstellung ihrer Compositionen berechtigt.

Ueber die Aufnahme oder Nichtaufnahme der angemeldeten Gegenstände entschied eine Jury, bestehend aus dem Aufsichtsrathe der Kunstgewerbeschule nebst einigen Mitgliedern vom Curatorium des Museums und vom Lehrkörper der Kunstgewerbeschule.

Abgesehen von dieser Prüfung der Gegenstände vor der Aufnahme fand keine weitere Beurtheilung statt, wie auch keinerlei Vertheilung von Prämien oder Preisen. Dagegen war es den Ausstellern gestattet, die Verkaufspreise der ausgestellten Gegenstände bei denselben anzuheften und sich durch Agenten vertreten zu lassen.

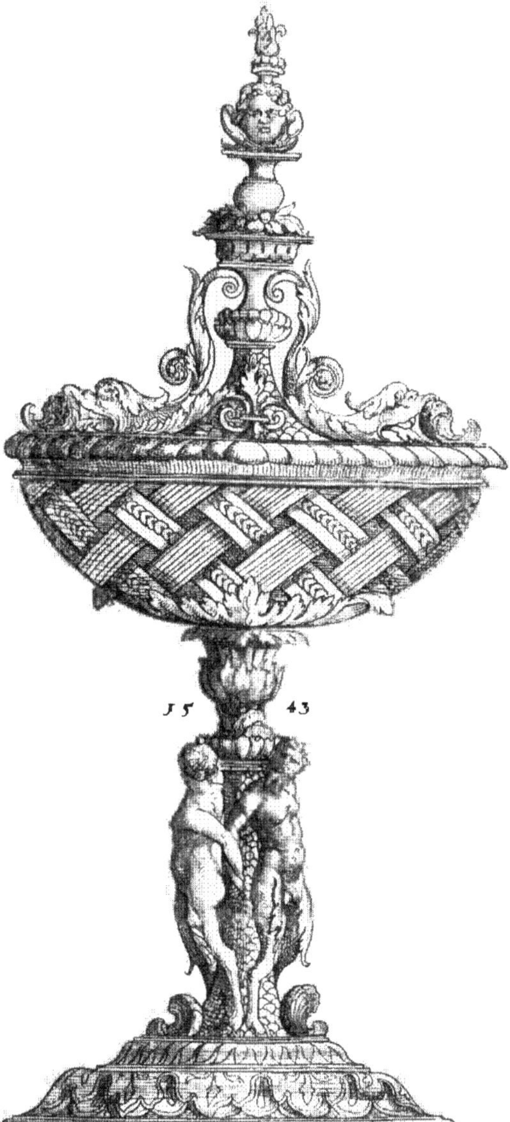

Die Aussteller hatten die Kosten des Transports und des Arrangements zu tragen, aber keinerlei Platzgeld oder sonstige Gebühren zu entrichten.

An dieser Ausstellung betheiligte sich in erster Reihe natürlich Wien, doch war keines von den Ländern der diesseitigen Reichshälfte unvertreten.

In dem Säulenhofe waren grössere plastische Gegenstände, Brunnenfiguren, ein Altar u. a. m. aufgestellt.

Saal I war in drei Zimmer abgetheilt; das erste diente zur Ausstellung von Möbelstoffen und gewebten Tapeten, das zweite war als Herrenzimmer, das dritte als Boudoir — beide nach Entwürfen des Prof. *Josef Storck* — eingerichtet. Sämmtliche Stoffe in diesem Saale hatte die Fabrik von *Phil. Haas* & *Söhne* in Wien geliefert.

In dem zweiten Saale waren Metallarbeiten aller Art und einschliesslich der Bijouterien und jener „Galanteriewaaren", bei welchen Bronze in Verbindung mit Holz, Leder, Email u. s. w. zur Anwendung kommt, ausgestellt.

Der dritte Saal war der kleinen Plastik in Holz, Bein, Thon etc., den Bucheinbänden, Proben graphischer Künste und verwandten Zweigen eingeräumt.

Der vierte (Oberlicht-) Saal, vollständig mit Teppichen behangen, war ausgezeichnet durch diejenigen Gegenstände, deren Ausführung *Se. Maj. der Kaiser* für diese Ausstellung anbefohlen hatte: Ein Tafelaufsatz in Bronze von *A. Hanusch*, ein Schmuckschrank mit Holzintarsia von *Fr. Michel*, ein Trink- und Dessertservice, in der Art der Bergkristallgefässe geschliffen, von *L. Lobmeyr*, eine Tischdecke mit farbiger Bordure von *A. Küfferle*, ein Hintergrund für den Thronsessel von *C. Giani* und eine eiserne Cassette mit Tauschirung und von einem Holzcabinet umschlossen, von *Wichers* und *Ratzersdorfer*. Die Zeichnungen zu allen diesen Gegenständen waren von den Professoren der Kunstgewerbeschule *O. König*, *J. Laufberger*, *J. Storck*, *V. Teirich* entworfen, Schüler der Anstalt waren bei der Ausführung verschiedentlich thätig gewesen. Hier hatten ausserdem Gegenstände der Zimmereinrichtung, Möbel, Tapezir- und Posamentirarbeiten, Oefen, Camine u. a. m. Platz gefunden.

Der fünfte Saal war abermals in Zimmer abgetheilt, und zwar hatte die Firma *Schmidt* & *Sugg* ein vollständiges Wohnzimmer im Styl der deutschen Renaissance, *Franz Schönthaler* ein billiges Wohnzimmer hergestellt.

Saal VI umfasste Glas, Porcellan, Fayence, an den Wänden waren chromolithographische Arbeiten untergebracht.

Im siebenten Saal waren Möbel aus Holz, Eisen, Rohr, im achten Webereien, Stickereien, Spitzen, Papiertapeten und Verwandtes, auf der Galerie Camine, Büsten und andere plastische Werke zur Decorirung, im neunten Saale Photographien, Lichtdrucke, eingebrannte Photographien u. s. w. ausgestellt.

Die Theilnahme an dieser Ausstellung erhielt sich durch die vollen drei Monate ihrer Dauer auf das regste, trotz der ungünstigen Jahreszeit wurde sie auch aus geringerer und weiterer Ferne zahlreich besucht, und die Urtheile von Fachmännern des In- und Auslandes fielen für das Kunstgewerbe in Oesterreich wie für das Museum in hohem Grade erfreulich aus. Die Handels- und Gewerbekammer in Pilsen und der Gewerbeverein in Brünn kamen den Zwecken der Ausstellung in besonders praktischer Weise entgegen, indem sie Zeichenlehrern die Mittel zum Besuche der Ausstellung gewährten. Die Zahl der Besucher (ohne die Besitzer von Freikarten) belief sich auf nahezu 60.000, und von dem Erträgniss konnte nach Deckung aller Kosten noch eine Summe von mehr als 1500 Gulden an die Gesellschaft zur Förderung der Kunstgewerbeschule behufs der Gründung von Reisestipendien abgeführt werden.

Ein umständlicher, die Bedeutung und die Ergebnisse der Ausstellung nach allen Seiten hin würdigender Bericht wurde von der Museumsdirection publicirt.

Noch eine Art des unmittelbaren Verkehrs zwischen dem Museum und den Kronländern ist durch den mährischen Gewerbeverein angebahnt worden, auf dessen Einladung Custos *Falke* im Winter 1870/71 in Brünn mehrere Vorträge über Zimmerdecoration hielt.

Den umfassendsten und nachhaltigsten Einfluss auf die Förderung des Geschmacks und Verbreitung künstlerischen Sinnes in allen Theilen des Reiches und weit über dessen Grenzen hinaus hat die Anstalt von Anfang an durch die Verbreitung von Gypsabgüssen, Photographien und galvanoplastischen Nachbildungen genommen. Diese Reproductionen werden in den eigenen Ateliers des Museums hergestellt und zum Herstellungspreise verkauft. Die Unterstützung des Ministeriums, der Handelskammern, Gewerbevereine u. s. w. hat es möglich gemacht, die

Real-, Gewerbe-, Bürger- und Fachschulen der Monarchie nach und nach mit Abgüssen nach den besten figuralen und ornamentalen Vorbildern, Säulenordnungen, architektonischen Details u. s. w. zu versorgen und so allmählich der Anwendung schlechter Vorlagenwerke zu steuern.

Die Zahl der Gypsabgüsse des Museums beträgt jetzt 370. Abgeformt sind namentlich: ganze Figuren, Köpfe und einzelne Körpertheile nach der Antike, anatomische Details, Holz- und Steinreliefs, Elfenbeindyptichen und Buchdeckel, Gefässe, Waffen und Rüstungsstücke, Säulenordnungen, architektonische Details und Ornamente aller Stylperioden u. s. w.

Die Photographien, bis jetzt vier Serien oder 310 Blätter, geben wieder: Zeichnungen alter Meister (68 *Dürer*, 27 *Raphael*, ferner *Michel Angelo*, *Lionardo*, *Rubens* etc.), Köpfe von *Schmuzer*, Miniaturen, Bucheinbände, Arbeiten in edlen Metallen, Bronze, Eisen, Glas- und Thongefässe, Sculpturen u. s. w.

Die galvanoplastischen Nachbildungen beschränken sich nicht ganz auf Gefässe und Geräthe aus Metall, sondern haben auch Arbeiten aus geschnittenem Leder u. dgl. miteinbezogen.

Um der kunstgewerblichen Thätigkeit einschliesslich der Hausindustrie in den Kronländern emporzuhelfen, machte das Museum es sich endlich zur Aufgabe, die zweckmässigere Einrichtung bestehender oder die Gründung neuer Fachschulen in Gegenden anzuregen, wo irgendeine Kunstindustrie gepflegt wird oder für die Pflege einer solchen die natürlichen Bedingungen vorhanden sind. Von Seite der Regierung wird die moralische und wirthschaftliche Bedeutung solcher Unterrichtsanstalten in vollem Maasse gewürdigt, meistens kommen auch die autonomen Behörden diesen Bestrebungen entgegen, und so ist es gelungen, namentlich in den letzten Jahren eine Anzahl von Specialschulen in verschiedenen Ländern in's Leben zu rufen, welche in mehr oder weniger directen Beziehungen zum Museum stehen.

Hier sind zu nennen die Zeichenschulen in *Steinschönau*, *Haida* und *Gablonz* in Böhmen, für Bezirke, in welchen vornehmlich die Glasindustrie betrieben wird (die Perlen und sonstigen Schmucksachen aus Gablonz sind wortwörtlich über den ganzen Erdboden verbreitet), die Holzschnitzschulen in *Hallein*, wo der Versuch, die beim Salzbergbau verarmte Bevölkerung zu einer neuen Beschäftigung und zu grösserem Verdienst heranzuziehen,

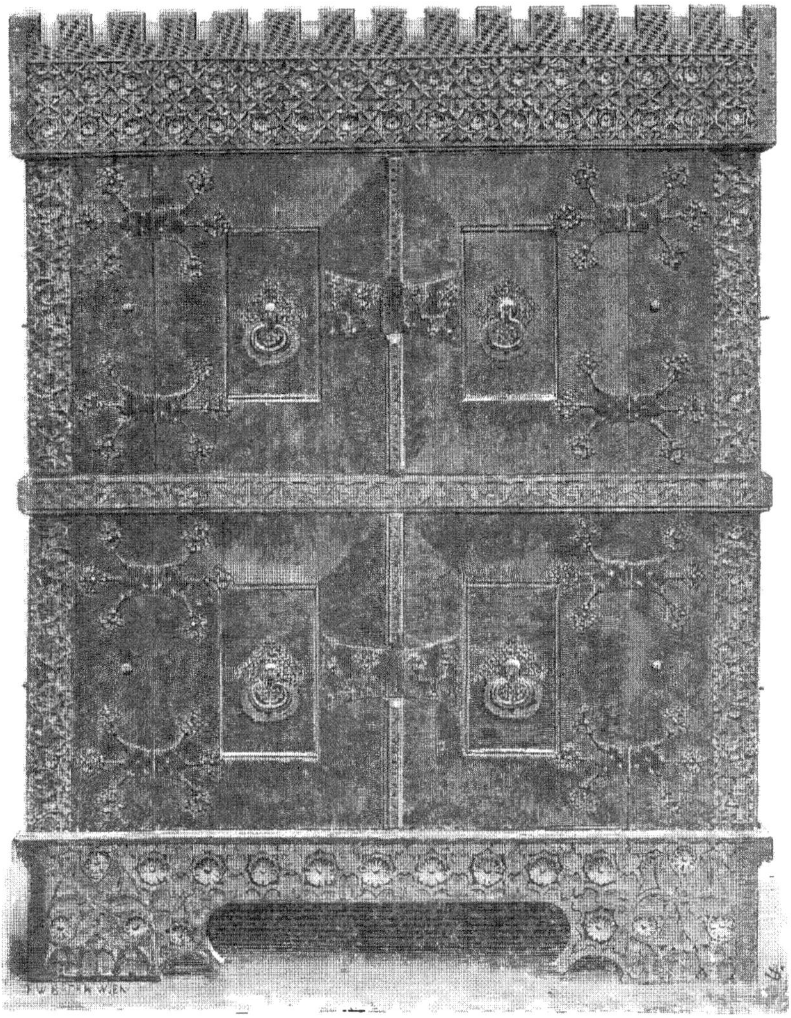

den besten Erfolg verspricht, in *St. Ulrich* im Grödener Thale, in *Imst* und an anderen Orten Tirols, in *Wallern* in Böhmen, in *Hallstadt* und *Mondsee* in Oberösterreich, die Fachschulen für Porcellanindustrie in *Elbogen*, für Weberei in *Rumburg*, für Goldschmiede, für Posamentirer, für Tischler, für Kunststicker, für Baugewerke in *Wien*, für Goldschmiede und für Tischler in *Prag*, für Spitzenindustrie in *Idria*: Anstalten, welche bereits in Wirksamkeit sind oder deren Gründung von den Ministerien des Handels und des Unterrichts im Verein mit den Landes- und Localbehörden und unter Ingerenz des Museums eben jetzt in's Werk gesetzt wird.

Eine höhere Anstalt für kunstgewerblichen Unterricht, welche nicht einen einzelnen Zweig, sondern das Gesammtgebiet in das Auge zu fassen und namentlich die Aufgabe zu übernehmen hätte, Lehrkräfte für Gewerbe- und Fachschulen heranzubilden, war längst als unabweisliches Bedürfniss erkannt, und selbstverständlich konnte eine solche nur in Wien und in unmittelbarer Verbindung mit dem Museum gedacht werden. Mit dieser Anstalt, welche im Jahre 1868 in's Leben getreten ist, beschäftigt sich der zweite Theil dieser Schrift.

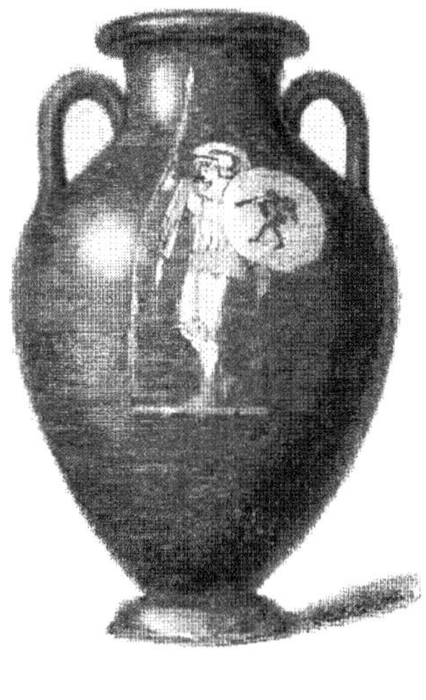

DIE

KUNSTGEWERBESCHULE

DES K. K.

ÖSTERREICHISCHEN MUSEUMS.

I. Aufgabe und Organisation der Schule.

Zweck der Kunstgewerbeschule des k. k. Oesterr. Museums für Kunst und Industrie ist nach den Statuten die Erziehung kunstgebildeter Kräfte für die Bedürfnisse der Kunstindustrie. Es bilden daher jene Zweige der Kunst, welche die Vorbedingungen eines künstlerischen Schaffens auf dem Gebiete der Industrie sind, die Hauptgegenstände des Unterrichts und bedingen die Gliederung der Anstalt.

Diese Zweige sind: die Baukunst in ihrer Anwendung auf die Ausschmückung der Gebäude, auf Möbel- und Geräthformen u. s. w., die Bildhauerei, das Zeichnen und Malen in ihrer Beziehung und Anwendung auf die Erfordernisse der Kunstgewerbe.

Die Kunstgewerbeschule besteht daher aus vier Fachschulen für *Architektur*, für *Bildhauerei*, für *Thier-, Blumen- und Ornamentmalerei*, für *figurales Zeichnen und Malen* — alles dies unter dem Gesichtspunkte der Anwendung für kunstgewerbliche Zwecke.

Für die noch nicht genügend ausgebildeten Zöglinge ist eine aus zwei Abtheilungen (für figurales und ornamentales Zeichnen) bestehende Vorbereitungsschule eingerichtet.

Neben dem Unterricht im Zeichnen und Malen und den Compositionsübungen werden die erforderlichen theoretischen Studien getrieben, und zwar *Projections- und Schattenlehre und Perspective, Stillehre, Anatomie des menschlichen und des Thierkörpers, Farbenlehre und Farbenchemie, Kunstgeschichte, Kunstmythologie, Materialienlehre* u. s. w.

Das Schuljahr beginnt mit October und endigt mit dem letzten Juli. Der Zeichen- und Modellirunterricht findet Vor- und Nachmittags statt, im Winter auch Abends; die Vorlesungen werden so viel als möglich auf die Nachmittagsstunden verlegt.

Um auch Personen, welche bereits in einem Berufe praktisch thätig sind, zum Besuche der Kunstgewerbeschule in ihren Freistunden Gelegenheit zu geben, werden neben den ordentlichen Schülern nach Massgabe des Raumes auch Hospitanten zugelassen, welche sich nur für bestimmte Tagesstunden oder einzelne Unterrichtszweige zu verpflichten brauchen. Sie haben nur Anspruch auf Frequentationszeugnisse, nicht auf ein Abgangszeugniss.

Die Hörer der theoretischen Fächer haben am Jahresschlusse eine Prüfung abzulegen. Die Arbeiten der Schüler werden jährlich öffentlich ausgestellt.

Mit dem Schuljahre 1872/73 ist an der Kunstgewerbeschule auch ein Cursus für Zeichenlehrer eröffnet worden.

Die weiblichen Zöglinge sind in allen diesen Beziehungen den männlichen gleichgestellt.

Ueber die Einzelheiten des Lehrplans u. s. w. geben die Statuten und die revidirte Schulordnung (Abschnitt II und III) Auskunft.

Bei der Aufnahme in die Kunstgewerbeschule ist eine Taxe von 2 fl. zu entrichten, welche in den Lehrmittelfonds fliesst; das Schulgeld beträgt für die Vorbereitungsschule 5 fl., für die Fachschulen 9 fl. halbjährlich.

Jeder Fachschule und jeder Abtheilung der Vorbereitungsschule steht ein Professor vor, für die theoretischen Gegenstände sind Docenten bestellt.

Die Leitung der Anstalt wird einem der Fachschul-Professoren auf je zwei Jahre als Director übertragen.

Zur Ueberwachung der Schule ist ein Aufsichtsrath eingesetzt, welcher aus dem Director des Museums, drei Curatoren dieser Anstalt und einem Mitgliede der Handels- und Gewerbekammer besteht und den Verkehr zwischen der Schule und der vorgesetzten Behörde, dem Ministerium für Cultus und Unterricht, vermittelt.

Der Personalstatus ist dermalen folgender:

I. Aufsichtsrath.

Hofrath Prof. *Eitelberger v. Edelberg*, Director des Oesterreichischen Museums, Vorsitzender.

Hofrath Prof. v. *Brücke*
Reg.-Rath Director v. *Engerth* } als Curatoren.
Oberbaurath Prof. v. *Ferstel*

Josef v. *Reckenschuss*, Präsident der nied.-öst. Handels- und Gewerbekammer, als deren Delegirter.

II. Lehrkörper.

Director:

Professor Ferdinand *Laufberger*, Historienmaler.

Professoren:

Josef *Storck*, Architekt — Fachschule für Baukunst.

Otto *König*, Bildhauer — Fachschule für Bildhauerei.

Ferdinand *Laufberger*, Historienmaler — Fachschule für das Zeichnen und Malen figuraler Gegenstände.

Friedrich *Sturm*, Maler — Fachschule für Blumen-, Thier- etc. Malerei.

Michael *Rieser*, Maler — Abtheilung für figurales Zeichnen an der Vorbereitungsschule.

Valentin *Teirich*, Architekt — Abtheilung für ornamentales Zeichnen an der Vorbereitungsschule.

Docenten:

Oscar *Beyer* — Perspective, Projections- und Schattenlehre.

Dr. Leander *Ditscheiner*, Professor an der technischen Hochschule — Farbenlehre.

Dr. Anton *Frisch* — Anatomie.

Alois *Hauser*, Architekt — Stillehre.

Dr. Albert *Ilg* — Kunstgeschichte.

Dr. Ernst *Ludwig*, Prof. an der Handelsakademie — Chemie.

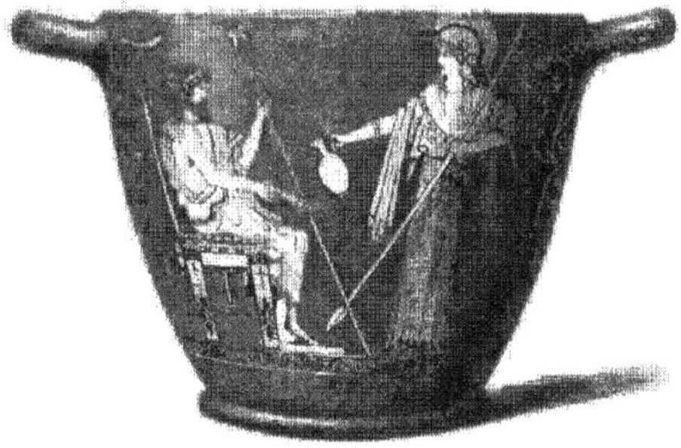

II. Gründung der Schule.

Schon im Jahre 1865, also bald nach der Eröffnung des Museums, beantragte die *niederösterreichische Handels- und Gewerbekammer* bei dem damaligen Staatsministerium die Gründung einer mit dem Museum in Verbindung stehenden Kunstgewerbeschule. Das Ministerium forderte das Museum auf, in dieser Richtung Vorschläge zu erstatten, welchem Auftrage am 3. März 1866 in einer eigenen Denkschrift entsprochen wurde.

Nach Recapitulirung der Umstände, welche zur Gründung des Oesterreichischen Museums geführt hatten, und Betonung des erfreulichen Einflusses dieses Instituts sagt die Denkschrift:

„Die Wirksamkeit des Oesterreichischen Museums ist jedoch an und für sich noch nicht hinreichend, die Bedürfnisse der Industrie in der angedeuteten Richtung zu befriedigen und eine längst fühlbare Lücke im Unterrichtswesen auszufüllen.

Das Museum ist berufen, das Verständniss zu wecken; es soll den richtigen Geschmack verbreiten und nach Bedürfniss für Schulen und Fabriken die Materialien zur Lehre der Nachbildung liefern. Aber einerseits reicht die Wirksamkeit des Museums, ungeachtet seiner Filialausstellungen in verschiedenen Reichstheilen, nicht weit genug und nicht gleichzeitig überall hin; andererseits liegt es überhaupt nicht in seiner Macht, die Hand zu bilden und den Erfindungsgeist zu üben. Und darauf kömmt es doch wesentlich an, dass dasjenige, was im Museum und mit Hilfe desselben gelernt wird, in der heimischen Kunstindustrie zu selbstständiger und wahrhaft neuer Verwerthung gelangt. Das Museum wird die beabsichtigte Wirkung nie vollständig hervorbringen, wenn ihm nicht eine Schule zur Seite steht, welche direct die Kunstrichtung des

Handwerkes vertritt und so den Grund legt, damit das Schöne und Künstlerische der vorgeführten Vorbilder bei den Kunsthandwerkern in Fleisch und Blut übergehe.

Das Bedürfniss, die Kunstindustrie in solcher Weise zur selbstständigen Production nach guten Mustern vergangener Jahrhunderte anzuregen, ist in Oesterreich im höchsten Grade und wie sonst nirgendwo vorhanden. Die

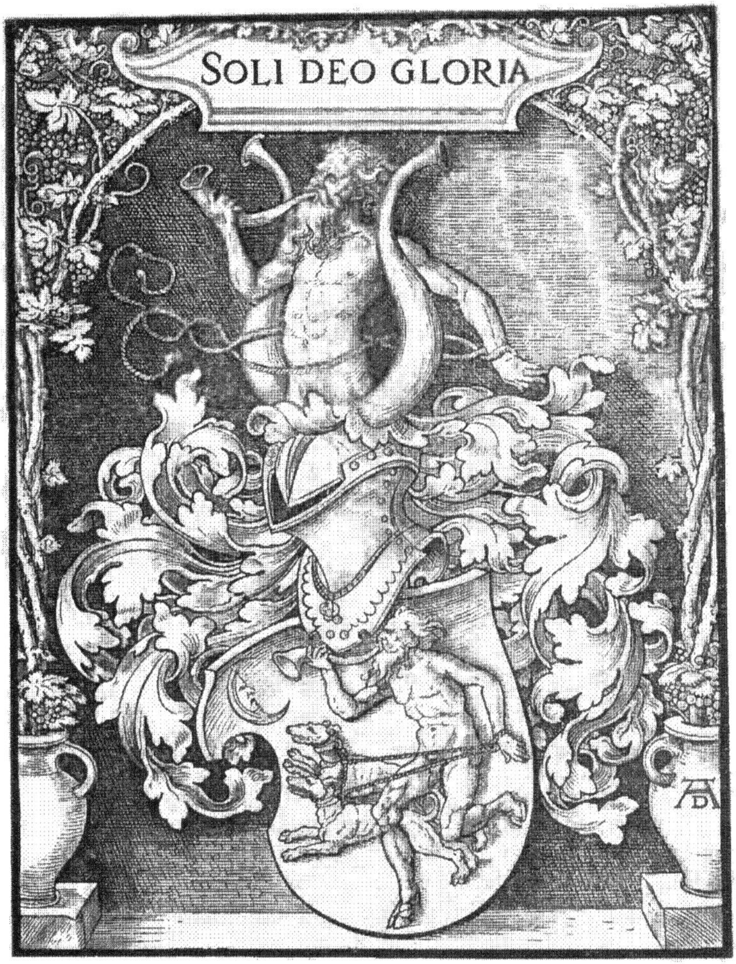

österreichische Kunstindustrie steht hinter der ausländischen nicht zurück; sie ist aber in mehr als einer Richtung von dem fremden, insbesondere dem französischen Geschmacke abhängig. Manche Industriellen lassen sich die Muster vom Auslande kommen, um sie zu benutzen; sie setzen sich mit jenen Instituten des Auslandes in Verbindung, die mit dem modernen Geschmacke vertraut sind, ja sie holen sich selbst geschicktere Ausarbeiter von auswärts. Die inländischen Arbeiter stehen häufig auf dem Punkte, dass sie nicht nur nicht selbst richtig und stilistisch zeichnen können, sondern die richtige stilistische Zeichnung, welche ihnen zur Ausführung in die Hand gegeben wird, gar nicht verstehen. Als die Wurzel dieser den Nationalwohlstand tief berührenden Uebelstände wird allerseits der mangelhafte Unterricht im Zeichnen überhaupt und der Abgang eigentlicher Fachschulen für die höheren Kunstgewerbe bezeichnet."

Es wird sodann hervorgehoben, dass die Nothwendigkeit der Errichtung höherer Zeichen- und Kunstgewerbeschulen heutzutage überall erkannt wird und mehr oder weniger alle Nationen trachten, dem täglich wachsenden Bedürfnisse der Industrie in diesem Punkte gerecht zu werden. Dies wird insbesondere an dem Beispiele Englands, Frankreichs, Belgiens, Deutschlands (Nürnberg) etc. nachgewiesen, und dann fortgefahren:

„In Oesterreich macht sich die Nothwendigkeit der Errichtung einer höheren Kunstgewerbeschule täglich in immer weiteren Kreisen geltend. Die Handels- und Gewerbekammern und die Industrie- und Gewerbevereine variiren dieses Thema seit Jahren unablässig in ihren Berichten und Eingaben, und die Presse begleitet diese Rufe mit lautem Echo.

Die Zielpunkte der Kunstgewerbeschule ergeben sich aus dem Vorerwähnten von selbst. Eine höhere Kunstgewerbeschule soll eine Anstalt sein, die nicht die Arbeiter, sondern die Künstler und Lehrer zu bilden hätte. In dieser Kunstgewerbeschule sollen Künstler im wahren Sinne des Wortes gebildet werden, solche Künstler, welche allen Anforderungen der Kunstindustrie, selbst der höchsten, genügen können, so dass man nicht mehr nöthig hätte, sich mit unvollständig oder auswärts gebildeten Zeichnern zu behelfen. Sie soll den Fabriken die Zeichner und Modelleurs, die im Inlande beinahe ganz fehlen, verschaffen, Künstler, welche mit erfinderischem Kopfe Schönheitssinn und völlige Ausbildung der Hand vereinigen, und so in unsere Fabriken einen künstlerischen Schwung bringen; sie soll den Goldschmied, den Möbelschnitzer, den Porcellanmaler, überhaupt den Kunsthandwerker zum Meister machen, nicht im gewerblichen, sondern im künstlerischen Sinne des Wortes. Sie soll endlich für die Fachschulen der Industrie, für Real-, Gewerbe- und andere Zeichenschulen die Lehrer erziehen, welche diese Schulen in Beziehung auf den Geschmack auf die richtige Bahn lenken und ähnlichen Instituten in den Kronländern vorstehen können."

Nachdem ferner auseinandergesetzt worden ist, wesshalb die damals bestehenden Schulen in Oesterreich dieser Aufgabe nicht genügen konnten, wird zur Andeutung der Grundzüge für die Einrichtung einer Kunstgewerbeschule übergegangen.

„Soll die Kunstgewerbeschule diejenigen Ziele wirklich erreichen, für welche sie bestimmt ist, so müssen die drei Hauptkünste, Malerei, Plastik und Architektur, in derselben in sorgfältigster Weise gepflegt werden, denn die gewerbliche Kunst ist ja nichts anderes als der Inbegriff dieser drei Künste, angewendet auf die Bedürfnisse des täglichen Lebens.

Den innigen Zusammenhang der Architektur mit dem Gewerbe beweisen zu wollen, dürfte wohl überflüssig sein. Der Uebergang von der Architektur, von dem Baue selbst und von dem Schmucke des Aeussern auf die innere Verzierung der Wände, der Treppen und Camine, auf die Beleuchtungsgeräthe und zu dem gesammten Mobiliare der Wohnungen ist ein so unmerklicher, die Verbindungskette aller dieser Glieder so fest geschlossen, dass zur künstlerisch harmonischen Erfindung und Ausführung der inneren Hauseinrichtung, wie sie doch ein geläuterter Geschmack nothwendig verlangen muss, die Kenntniss der Architektur ganz unentbehrlich ist. Dies gilt in erhöhtem Maasse heutzutage, wo nicht ein bestimmter einzelner Stil gilt, sondern wo alle möglichen architektonischen Stile der Vergangenheit mehr oder weniger friedlich sich in die Herrschaft theilen. Sowie jene Kunsthandwerker, welche die innere Wohnungseinrichtung anfertigen, so können auch der Goldschmied, der Thonwaarenfabrikant, der Eisenarbeiter, der Broncewaarenfabrikant, sollen ihre Erzeugnisse ein künstlerisches Gepräge erhalten, einer gewissen Kenntniss der Architektur und der von ihr abhängigen Ornamentik nicht entbehren.

Die Plastik ist zu allen Zeiten, wenn auch in verschiedener Ausdehnung, zum Schmuck der kunstgewerblichen Arbeiten verwendet worden; in reicher und glänzender Weise im classischen Alterthum und in der Renaissanceperiode, aber auch vielfach in der Kunst des Mittelalters. Sie ist nothwendig für die Goldschmiedekunst, für die Porcellan- und Thonwaaren, für Möbel und sonstige Holzschnitzereien, für getriebene Eisenarbeiten, für Wanddecorationen in Stuck, für Bronze, Elfenbein u. s. f., wofern diese Arbeiten über das Handwerksmässige hinausgehen und den Eindruck künstlerischer Leistungen machen sollen.

Endlich darf auch die Malerei, wenn schon ihre heutige Anwendung im Gewerbe häufig am unrechten Orte ist, von der industriellen Kunst nicht ausgeschlossen werden. Ihre richtige Anwendung tritt ein bei der Wanddecoration, in der Goldschmiedekunst beim Email, beim Porcellan, bei der Stickerei u. dgl. m.

Es geht hieraus die untrennbare Verbindung der hohen Kunst mit der gewerblichen Kunst hervor.

Man kann den Künstler nicht in vollem Maasse für die letztere ausbilden, ohne ihn gleichzeitig bis zu einem gewissen Grade den Weg der hohen Kunst zu führen. Die Kunstgewerbeschule muss demnach Architektur, Plastik und Malerei lehren, nicht blos zu dem Zwecke, um geschickte Ornamentisten, Tapeten- und Musterzeichner u. s. f., sondern um wahre Künstler zu bilden, soweit das Gewerbe ihrer bedarf.

Dies ist das Hauptmoment, in welchem die ganze Organisation der Kunstgewerbeschule ihren Angelpunkt finden muss.

Die Kunstgewerbeschule wird so bis zu einem gewissen Punkte denselben Weg nehmen müssen, den der Unterricht an der Akademie der bildenden Künste verfolgt. Auch sie wird ihre Schüler durch das Studium der Antike und des Actes hindurchführen müssen, in der Zeichnung wie in der Modellirung, und den Schülern selbstständige figürliche Aufgaben stellen. Die Kunstgewerbeschule an die Akademie anzulehnen, würde sich aber, ganz abgesehen von den Statuten der letzteren, welche eine solche Verbindung perhorresciren, schon aus dem Grunde nicht empfehlen, weil der Unterschied zwischen hoher und gewerblicher Kunst, so wenig er in der Natur der Sache begründet ist, thatsächlich doch besteht und nicht übersehen werden kann. Die thatsächliche Verbindung würde beiden Theilen, namentlich aber der Kunstgewerbeschule, gewiss zum Nachtheile gereichen. Neben der hohen Kunstschule würde die industrielle Kunstschule stets nur als eine Nebenschule, als ein Anhängsel betrachtet werden, und eine ähnliche Rolle spielen, wie bisher die Gewerbezeichenschule im polytechnischen Institute.

Ausser dem Grundsatze der Verbindung der hohen Kunst mit der industriellen Kunst muss also auch derjenige festgehalten werden, dass die Selbstständigkeit dieser Anstalt, gegenüber jeder anderen Schule, eine Bedingung ihres Gedeihens ist."

Zum Schlusse werden die Vortheile ausgeführt, welche für die Verbindung einer solchen Anstalt mit dem Oesterreichischen Museum sprechen.

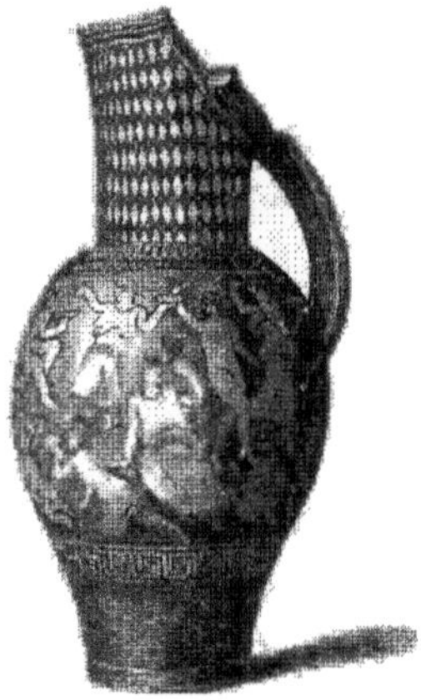

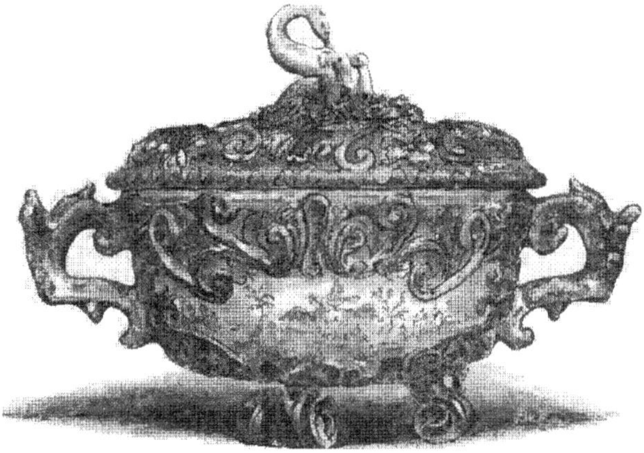

Von Seite der Landesvertretung wurden diese Schritte der nied.-öst. Handels- und Gewerbekammer und der Museumsdirection auf's wärmste unterstützt. Auf Antrag des Abgeordneten Freiherrn v. *Pratobevera* und nach eingehender Befürwortung durch die Vertreter der Industrie *v. Winterstein* und *v. Dück* und den Abgeordneten Dr. *Hoffer* beschloss der *nieder-österreichische Landtag* in seiner Sitzung vom 5. December 1866: „es sei die hohe Regierung um die eingehende Würdigung der — in Folge eines von der nied.-öst. Handels- und Gewerbekammer gestellten, die Errichtung einer Kunstgewerbeschule, welche mit dem Oesterreichischen Museum in Verbindung zu bringen wäre, bezielenden Antrages — von der Direction des Oesterreichischen Museums über Aufforderung des k. k. Staatsministeriums bereits unterm 3. März d. J. unterbreiteten Vorschläge dringend zu ersuchen."

Desgleichen nahm die *Handels- und Gewerbekammer* in *Brünn* von den Ergebnissen der grossen Ausstellung in Paris Anlass, unter dem 13. Juli 1867 eine Eingabe an das Ministerium zu richten, dasselbe möge „seinen mächtigen Einfluss zu Gunsten dieses vielfach besprochenen, vielfach gewünschten und in seiner Nothwendigkeit von keiner Seite bestrittenen Instituts äussern" und sprach dabei die Ueberzeugung aus: „In dem weiten einem hohen k. k. Ministerium erschlossenen Wirkungskreise dürfte keine Schöpfung sein, deren Inslebentreten mit gleicher Befriedigung erfüllen und eine gleich nachhaltige Wirkung zu berufen sein dürfte".

Inzwischen — am 18. Februar desselben Jahres — hatte schon der *Unterrichtsrath* genehmigt, dass eine höhere Kunstgewerbeschule mit dem Oesterreichischen Museum in Verbindung zu bringen sei, und ein Comité, bestehend aus drei Mitgliedern des Unterrichtsraths (Oberbaurath *Eduard Van der Nüll*, Prof. *Ed. Engerth*,

Prof. Dr. *Ad. Beer*) und dem Director des Museums, mit der Ausarbeitung eines Statutenentwurfs beauftragt. Am 29. Juni wurden die Verhandlungen über diese Angelegenheit im Unterrichtsrathe zu Ende geführt und am 27. September veröffentlichte die „Wiener Zeitung" das von Sr. Majestät dem Kaiser genehmigte

STATUT

der Kunstgewerbeschule des k. k. Oesterreichischen Museums für Kunst und Industrie.

§. 1.

Die Kunstgewerbeschule hat die Heranbildung tüchtiger Kräfte für die Bedürfnisse der Kunstindustrie zur Aufgabe. Es bilden daher jene Zweige der Kunst, welche mit den Gewerben in nächster Verbindung stehen, die Hauptgegenstände des Unterrichtes und bedingen die Gliederung der Anstalt.

Diese Zweige sind: 1. die Baukunst, 2. die Bildhauerei, 3. das Zeichnen und Malen.

§. 2.

Die Kunstgewerbeschule zerfällt demnach:

a) in drei Fachschulen für Baukunst, Bildhauerei, sowie für das Zeichnen und Malen; zu ihnen tritt

b) eine Vorbereitungsschule.

§. 3.

Die Vorbereitungsschule hat die Aufgabe, bei mangelhafter Vorbildung jene Fertigkeit im Zeichnen zu gewähren, welche zu erfolgreicher Benützung des Unterrichtes in den Fachschulen nöthig erscheint.

§. 4.

Die Thätigkeit der Fachschulen findet gegenüber der eigentlichen Kunst ihre Begrenzung durch die der Anstalt gestellte Aufgabe, dem Bedürfnisse der Kunstgewerbe nach künstlerisch gebildeten Kräften zu entsprechen.

§. 5.

Die Fachschule für Baukunst umfasst daher die Lehre vom architektonischen Styl und den architektonischen Formen im Allgemeinen, im Besonderen aber ihre Anwendung auf die Baugewerbe, welche es mit künstlerischen Formen zu thun haben, also vorzüglich auf Bautischlerei, auf Möbelfabrication, auf die Fabrication von Oefen und Caminen, überhaupt ihre Anwendung auf die Ausstattung des Hauses und der Kirche, soweit sie hier in Frage kommt.

§. 6.

Die Fachschule für Bildhauer hat die technische Fertigkeit im Modelliren und Bossiren sowohl figuraler wie ornamentaler Gegenstände zu gewähren und zwar in ihrer Verwendung für die entsprechenden Gewerbe, als da beispielsweise sind: Goldschmiedekunst, Gefässbildnerei in Metall, Thon, Glas, Stuccaturarbeiten, Steinmetzarbeiten u. s. w. Auch soll jenen Zöglingen, welche sich der Holzschnitzerei widmen, die nöthige Anleitung ertheilt werden.

§. 7.

Die Fachschule für Zeichnen und Malen hat in ihrer gewerblichen Richtung die gesammte malerische Flächenverzierung, ebenso die figurale wie die ornamentale, zum Gegenstande. Die Gewerbe, auf welche sie sich bezieht, sind beispielsweise die Wanddecoration, die Zeichnung oder Malerei auf Glas und Porcellan, für Email und Mosaiken; sie umfasst das grosse Gebiet der Ornamentation aller gewebten Stoffe u. s. w.

§. 8.

Hiernach sind die Hauptgegenstände des Unterrichtes, welche auf die Fachschulen zu vertheilen sind, die folgenden:

1. Architektur und architektonisches Zeichnen,
2. Zeichnen nach Modellen,
3. Zeichnen nach Antiken,
4. Malen figürlicher Gegenstände,
5. Zeichnen und Malen von Flächenornamenten nebst Blumenmalerei,
6. Modelliren,
7. Bossiren,
8. Holzschnitzerei,
9. Uebung in Erfindung und Modellirung kunstgewerblicher Gegenstände.

Falls sich mit der Zeit das Bedürfniss herausstellt, kann die Zahl dieser Hauptfächer durch Specialcurse erweitert werden.

§. 9.

Die Nebenfächer zerfallen:

a) in solche, worüber an der Kunstgewerbeschule durch bestimmte Docenten Vorträge gehalten werden, u. zw. alljährlich Perspective und Schattenconstruction und in jedem zweiten Jahre Anatomie;

b) in solche, welche für die vielfachen und theilweise wechselnden Bedürfnisse der Kunstgewerbeschule am Museum gehalten werden, u. zw. wenn möglich im dreijährigen Turnus. Diese Gegenstände sind: die Lehre von den Kunststilen, Kunstterminologie und Kunstgeschichte, Geschichte der Industrie und Kunstindustrie oder einzelner Zweige derselben in Verbindung mit Volkswirthschaftslehre, Farbenlehre und Farbenchemie; die Lehre von den in den Gewerben gebrauchten Materialien und ihrer technischen Bearbeitung.

Diese Lehrgegenstände gelten (im Allgemeinen) für jeden Schüler der Anstalt als obligat. Die Bestimmung ihrer Reihenfolge, ihrer Dauer und Stundenzahl, die Wahl der jedesmaligen Docenten für dieselben wird mit Beirath des Aufsichtsrathes vom Directorium des Museums bestimmt.

§. 10.

Als Lehrmittel dienen:

1. Die Anschaffungen der Anstalt selbst, für welche ein jährliches Pauschale zur Verfügung ausgesetzt wird;

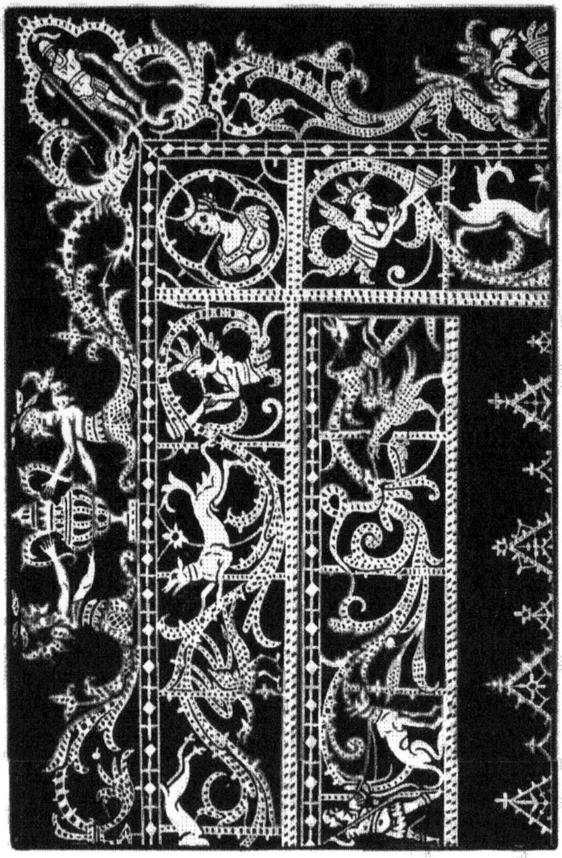

2. die Sammlungen des k. k. Oesterreichischen Museums für Kunst und Industrie. Die Anschaffungen von dem erwähnten Pauschale geschehen durch das Lehrercollegium nach Genehmigung des Aufsichtsrathes.

§. 11.

Zum Eintritt in die Vorbereitungsschule ist erforderlich:

a) der Nachweis über die beendeten Studien eines Untergymnasiums, eines Realgymnasiums oder einer Unterrealschule, oder *b*) der Nachweis über den Besuch einer Zeichenschule und in der Regel über das zurückgelegte 14. Lebensjahr, und

c) für beide Fälle der Nachweis über die Ausbildung in den Elementen des Zeichnens durch Vorlage von Proben, welche zugleich für das Kunsttalent des Aufzunehmenden Zeugniss ablegen.

Wenn solche Proben nicht beizubringen sind, hat der Aufzunehmende sich einer Prüfung zu unterwerfen, von deren Resultat die Aufnahme abhängig ist.

§. 12.

Zum Eintritt in die Fachschulen ist erforderlich: entweder

a) der mit gutem Erfolg absolvirte Vorbereitungscurs, oder

b) nebst dem Nachweise der zum Eintritt in die Vorbereitungsschule nothwendigen Vorbedingungen der durch eine Prüfung gelieferte Nachweis über jenen Stand der Zeichenfertigkeit, dessen Aneignung die Aufgabe der Vorbereitungsschule ist;

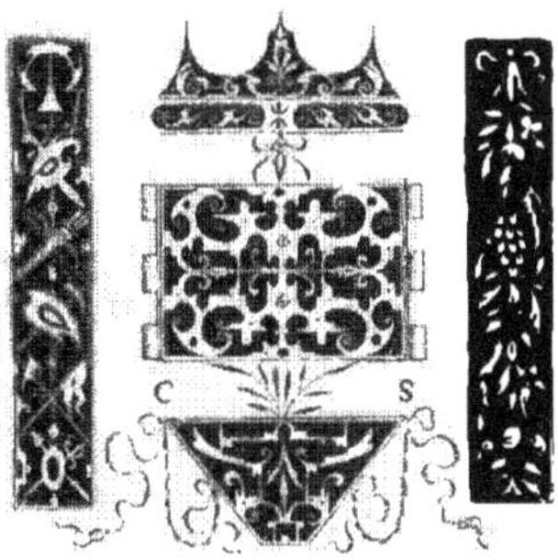

c) in der Regel das vollendete 16. Lebensjahr, wovon aber durch das Lehrercollegium geeigneten Falls Dispensation ertheilt werden kann. Die Aufnahme in die Fachschule ist nur eine vorläufige auf ein halbes Jahr; sodann erfolgt, wenn der Schüler während dieses Zeitraumes genügende Befähigung und entsprechenden Fleiss gezeigt hat, die definitive Aufnahme.

Die Zahl der Schüler darf in jeder Fachschule Vierzig nicht überschreiten. Tritt eine zeitweilige Ueberschreitung dieser Zahl ein, so wird der betreffenden Fachschule zur vorübergehenden Aushilfe eine supplirende Lehrkraft beigegeben, welche einen bestimmten Theil der Schüler zum Unterrichte zu übernehmen hat. Sollte sich jedoch die Erhöhung der Schülerzahl als dauernd herausstellen, so wird diesem Bedürfnisse durch die Anstellung einer neuen selbstständigen Lehrkraft abgeholfen werden.

§. 13.

Zum vorübergehenden Besuche der Fachschulen können, wenn die Räumlichkeiten es gestatten, Hospitanten zugelassen werden, welche nicht an den zum Eintritt in die Schule festgesetzten Termin gebunden sind.

§. 14.

Der Besuch sowohl der Vorbereitungsschule als jeder einzelnen Fachschule ist in der Regel auf zwei Jahre beschränkt, doch kann besonders begabten Schülern über Beschluss des Lehrercollegiums gestattet werden, noch ein drittes Jahr in einer der Fachschulen zuzubringen.

Der Uebertritt aus der Vorbereitungsschule in eine der Fachschulen kann auch im Laufe des Schuljahres erfolgen, wenn der Schüler sich die erforderliche Fertigkeit im Zeichnen angeeignet hat.

Auch dem Uebertritt aus einer Fachschule in die andere während dieses Zeitraumes steht nichts im Wege, wie auch, so weit dies dem geordneten Studiengange nicht entgegen ist, der gleichzeitige Besuch zweier Fachschulen nach Thunlichkeit ermöglicht werden soll.

Als Zeit des Eintrittes gilt in der Regel der Beginn des Schuljahres; der Austritt ist zu jeder Zeit gestattet.

§. 15.

Prüfungen finden ausser den für die Aufnahme nöthig erscheinenden nicht statt.

Wer ein volles Jahr die Schule besucht hat, hat das Recht auf ein Zeugniss für diese Zeit des Besuches; beim Austritt nach vollständiger Absolvirung der Fachschule wird vom Lehrercollegium ein Abgangszeugniss ausgefertigt, welches den Besuch der Schule, die Dauer und den Erfolg desselben constatirt.

Die Arbeiten der Schüler werden alljährlich öffentlich ausgestellt.

§. 16.

Das Schuljahr beginnt mit dem 15. October und endigt Mitte August.

Die Aufnahmsbewerber müssen sich vor dem 13. October melden.

Die Unterrichtsstunden im Vorbereitungscurse sind täglich von 5 bis 7 Uhr Abends; für die Fachschulen werden die Lehrstunden alljährlich vom Lehrercollegium vorgeschlagen und vom Aufsichtsrath genehmigt.

Die Lehr- und Zeichensäle stehen den Schülern der Fachabtheilungen unter Aufsicht des betreffenden Fachlehrers während des ganzen Tages zur Benützung offen.

§. 17.

Jeder Schüler der Kunstgewerbeschule hat bei der Aufnahme eine Taxe von 2 fl. zu entrichten; diese wird zur Vermehrung der Lehrmittel verwendet.

Das Schulgeld, welches in halbjährigen Raten zu erlegen ist, beträgt 10 fl. jährlich für die Vorbereitungsschule, 18 fl. für die Fachabtheilung.

Bei nachgewiesener Mittellosigkeit kann eine Befreiung vom Schulgelde stattfinden; die Entscheidung darüber steht der Statthalterei über Antrag des Lehrkörpers zu.

§. 18.

Die Anzahl der systemisirten Lehrerstellen beträgt fünf, und zwar:

a) ein Professor des Freihandzeichnens in der Vorbereitungsschule,

b) u. *c*) je ein Professor für die Fachschulen der Baukunst und Bildhauerei,
d) u. *e*) zwei Professoren für die dritte Fachschule des Zeichnens und Malens, der eine für den figürlichen Theil, der andere für den ornamentalen, insbesondere für Flächenornamentation.

Sämmtliche Professoren werden auf Vorschlag des Aufsichtsrathes vom Unterrichtsminister ernannt.

§. 19.

Die definitiv angestellten Professoren stehen in der achten Diätenclasse; sie geniessen rücksichtlich der Pensionsfähigkeit jene Begünstigungen, welche diesfalls den Professoren der Mittelschulen zugestanden sind.

Der Gehalt des Professors für Freihandzeichnen beträgt 1000 fl. mit dem Vorrückungsrechte in 1200 fl. und 1400 fl. nach zehn- und zwanzigjähriger an der Kunstgewerbeschule zugebrachter Dienstzeit.

Die vier Professoren der Fachschulen erhalten einen Gehalt von 1600 fl. mit dem Vorrückungsrechte zu 1800 fl. und 2000 fl. nach zehn- und zwanzigjähriger Dienstzeit an der Anstalt.

Sämmtliche fünf Professoren erhalten ein Quartiergeld von je 200 fl.

Hervorragenden Künstlern, welche an die Anstalt berufen werden, kann auch ein höherer Gehalt bewilligt werden.

Die Remuneration für die § 9 Punkt *a*) ausgeführten Vorlesungen wird jedesmal über Vorschlag des Aufsichtsrathes durch das Unterrichtsministerium bestimmt.

§. 20.

Die Leitung der Anstalt führt einer der Professoren der Fachschulen auf die Dauer von zwei Jahren als Director; er wird auf Vorschlag des Aufsichtsrathes vom Unterrichtsminister bestimmt und erhält für seine Amtsleitung eine jährliche Remuneration von 300 fl.

Bezüglich der zu benützenden Sammlungen des k. k. Oesterreichischen Museums hat er sich mit dem Director desselben in's Einvernehmen zu setzen.

Die auf diesem Wege der Schule anvertrauten Unterrichtsgegenstände sind seiner speciellen Ueberwachung anheimgegeben und er hat für die unversehrte Rückgabe derselben obzusorgen.

§. 21.

Mit der Ueberwachung der Schule wird ein Aufsichtsrath betraut. Dieser besteht aus dem Director des k. k. Museums für Kunst und Industrie, aus drei dem Curatorium der genannten Anstalt angehörigen Männern der Kunst und Wissenschaft, welche der Protector derselben ernennt, und aus einem Mitgliede der Handels- und Gewerbekammer von Wien, welches von derselben erwählt wird.

Der Director des Museums führt den Vorsitz. Die übrigen Mitglieder werden auf drei Jahre ernannt, resp. erwählt.

Die Aufgabe des Aufsichtsrathes, soweit sie nicht schon im Vorhergehenden bestimmt ist (§§. 9, 10, 16, 18, 20), besteht in der Beaufsichtigung der

Schule in ihrem inneren und äusseren Leben; er hat in Allem, was dem Gedeihen der Schule förderlich sein kann, die Initiative zu ergreifen und darauf bezügliche Anträge an das Ministerium zu richten, überhaupt dem Ministerium in der Leitung der Anstalt mit Rath und That beizustehen. Die Protokolle des Lehrkörpers leitet der Vorstand des Aufsichtsrathes an das Ministerium.

Etwaige Anträge des Lehrkörpers werden im Aufsichtsrath besprochen und gehen von diesem mit einem Gutachten begleitet an das Ministerium.

Den Sitzungen des Aufsichtsrathes wohnt der Director der Kunstgewerbeschule oder ein Vertreter desselben aus dem Lehrkörper bei.

Den Mitgliedern des Aufsichtsrathes steht das Recht zu, jedem Unterrichte beizuwohnen.

§. 22.

Die Kunstgewerbeschule führt den Titel „Kunstgewerbeschule des k. k. Oesterreichischen Museums für Kunst und Industrie“ und untersteht dem Unterrichtsministerium.

Hieran reihten sich die Ernennungen für den Aufsichtsrath und den Lehrkörper. Als Mitglieder des ersteren waren die noch heute fungirenden (Seite 71) bezeichnet; ebenso sind die Professoren der Schule seit deren Gründung an derselben thätig. Zum Director für die Schuljahre 1868/69 und 1869/70 wurde Professor Josef *Storck* ernannt. Dann folgten:

Lehrplan und Studienordnung.

A. Allgemeine Bestimmungen.

§. 1.

Die Kunstgewerbeschule des k. k. Oesterreichischen Museums für Kunst und Industrie hat nach den Statuten die Erziehung kunstgebildeter Kräfte für die Bedürfnisse der Kunstindustrie zur Aufgabe. Es bilden daher jene Zweige der Kunst, welche die Vorbedingungen eines künstlerischen Schaffens auf dem Gebiete der Industrie sind, die Hauptgegenstände des Unterrichtes und bedingen die Gliederung der Anstalt.

Diese Zweige sind die Baukunst in ihrer Anwendung auf die Ausschmückung der Gebäude, die Bildhauerei, das Zeichnen und Malen in ihrer Beziehung und Anwendung auf die Erfordernisse der Kunstgewerbe.

§. 2.

Die Kunstgewerbeschule zerfällt demnach:

a) in vier Fachschulen:
- für die Baukunst in der oben angeführten Begrenzung,
- für die Bildhauerei,
- für das ornamentale und
- für das figurale Zeichnen und Malen in ihrer Beziehung auf Kunstgewerbe;

b) in eine Vorbereitungsschule für die noch nicht hinlänglich gebildeten Candidaten der Fachschulen.

Neben den Hauptgegenständen des Unterrichtes, von denen weiter unten die Rede sein wird, sollen in der Kunstgewerbeschule, um den Zöglingen jene allseitige Ausbildung zu verschaffen, welche heutzutage zu einem erfolgreichen Wirken im Kunstgewerbe nöthig ist, noch eine Reihe von technischen und wissenschaftlichen Nebenfächern gelehrt werden. Diese Vorträge werden während des Besuches der Fachschulen oder eventuell schon während der Vorbereitung gehalten; der Besuch derselben ist in der Regel obligatorisch.

Diese Nebenfächer zerfallen in solche, worüber an der Kunstgewerbeschule selbst durch bestimmte Docenten Vorträge gehalten werden, u. zw. alljährlich Perspective- und Schattenconstruction mit Einschluss der Projectionslehre und in jedem zweiten Jahre Anatomie, und in solche, für welche von Seite des Museums (wenn möglich im dreijährigen Turnus) Vorträge angeordnet werden. Diese Gegenstände sind: Die Lehre von den Kunststilen, Kunstterminologie und Kunstgeschichte, Geschichte der Kunstindustrie oder einzelner Zweige derselben in Verbindung mit Volkswirthschaftslehre, Farbenlehre und Farbenchemie, die Lehre von den in den Gewerben gebrauchten Materialien, sowie ihrer technischen Verarbeitung.

Selbstverständlich begrenzt sich die Ausdehnung dieser Vorträge durch die Zwecke der Kunstgewerbeschule.

Im Studienjahre 1868/69 sollen von diesen Nebenfächern

a) Perspective- und Schattenlehre mit Einschluss der Projectionslehre,
b) die Terminologie der Baustile und die Gefässlehre der antiken Kunst und der Renaissance,
c) die allgemeinen Grundbegriffe der Chemie und der Farbenchemie, und endlich
d) Anatomie,

letztere im Sommersemester zum Vortrage gelangen.

§. 3.

Die Besucher der Kunstgewerbeschule sind theils ordentliche Schüler, welche sich in der einen oder anderen Fachschule nach den Bestimmungen des Lehrplanes vollständig ausbilden wollen, theils Hospitanten.

Der Besuch sowohl der Vorbereitungsschule als jeder einzelnen Fachschule ist für ordentliche Schüler in der Regel auf zwei Jahre beschränkt, doch kann besonders begabten Schülern über Beschluss des Lehrercollegiums gestattet werden, noch ein drittes Jahr in einer der Fachschulen zuzubringen.

Der Uebertritt aus der Vorbereitungs- in die Fachschule kann auch im Laufe des Schuljahres erfolgen, wenn der Schüler für die letztere reif geworden ist.

Der Uebertritt aus einer Fachschule in eine andere während dieses Zeitraumes, ferner auch, soweit dies dem geordneten Studiengange nicht entgegen ist, der gleichzeitige Besuch zweier Fachschulen unterliegt keinem principiellen Bedenken; doch hat über einschlägige Gesuche der Lehrkörper von Fall zu Fall zu entscheiden, welcher dabei den speciellen Anforderungen einzelner

Zweige der Kunstindustrie und den individuellen Bedürfnissen der Schüler Rechnung zu tragen hat.

Der Eintritt in die Kunstgewerbeschule ist in der Regel nur beim Beginn des Schuljahres, der Austritt zu jeder Zeit gestattet.

§. 4.

Ausser der Ausbildung ordentlicher Schüler soll die Kunstgewerbeschule auch noch den Zweck verfolgen, Hospitanten zur Vervollständigung ihrer künstlerischen Ausbildung Gelegenheit zu bieten. Hiebei ist es namentlich auf Zeichner, Modelleure, Werkführer in Fabriken und Privatateliers und Jene abgesehen, welche schon in bestimmten Fächern praktisch thätig sind und nur zur Ausfüllung einer Lücke ihres Wissens und Könnens die Vorbereitungsschule oder eine Fachschule oder auch gleichzeitig mehrere der letzteren besuchen wollen.

Die Bestimmungen des §. 3 hinsichtlich der Dauer des Unterrichtes haben auf blosse Hospitanten keine Anwendung; diese sind an keinen bestimmten Lehrplan gebunden, noch auch an die Stundeneintheilung der ordentlichen Schüler; der Schulordnung haben aber auch sie sich strenge zu fügen und die Dauer ihres Schulbesuches hängt, wie überhaupt ihre durch das Ausmass der verfügbaren Localitäten bedingte Zulassung, von der Entscheidung des Lehrkörpers ab.

§. 5.

Der Unterricht an der Kunstgewerbeschule beginnt mit dem 15. October und endet Mitte August. Die Aufnahmsbewerber haben sich zwischen dem 1. und 14. October zu melden. Die Arbeitsstunden der Fachschulen beginnen an jedem Wochentage ausser Samstag im Sommer um 7 Uhr früh, im Winter um 8 Uhr und endigen um 6 Uhr Abends.

Die Arbeitsstunden der Vorbereitungsschule normirt §. 12; das Zeichnen nach dem lebenden Modelle findet in den Wintermonaten von 5 bis 7 Uhr Abends, in den Sommermonaten von 7 bis 9 Uhr früh statt. Die theoretischen Vorlesungen werden in der Regel in die Abendstunden verlegt.

§. 6.

Prüfungen finden ausser den für die Aufnahme nöthig erscheinenden (siehe unten) nicht statt.

Wer ein volles Jahr die Schule besucht hat, hat das Recht auf ein Zeugniss für diese Zeit des Besuches (Frequentationszeugniss); beim Austritte nach vollständiger Absolvirung der Fachschule wird vom Lehrkörper ein Abgangszeugniss ausgefertigt, welches den Besuch der Schule, die Dauer und den Erfolg desselben constatirt.

Die Arbeiten der Schüler werden alljährlich öffentlich ausgestellt.

B. Bestimmungen über die einzelnen Fachschulen und die Vorbereitungsschule.

1. Fachschule für Baukunst.

§. 7.

Die Fachschule für Baukunst umfasst die Lehre vom architektonischen Stile und den architektonischen Formen im Allgemeinen; im Besonderen aber ihre Anwendung auf Bau- und andere Gewerbe, welche es mit architektonischen Elementen zu thun haben.

Den Gegenstand des Unterrichtes bildet vorerst das Studium (Decomposition) ausgeführter, in den Kreis dieser Fachschule gehöriger kunstindustrieller

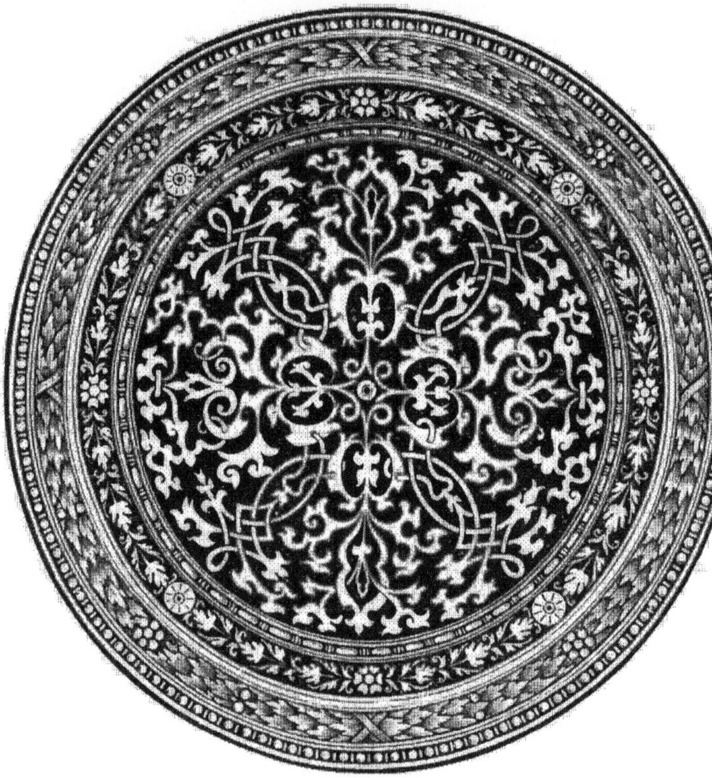

Objecte, verbunden mit Erläuterungen über Stil, Materiale, Construction und über künstlerische und technische Durchbildung derselben und gleichzeitig die Anleitung zur Herstellung künstlerisch vollendeter und technischer Werkzeichnungen; — für die fortgeschritteneren Zöglinge endlich das selbstständige, stilgerechte Schaffen auf dem Gebiete der einschlägigen Kunstindustrie.

Mithin eignet sich diese Fachschule vorzugsweise für Jene, welche sich mit Entwürfen der Totalanordnung der inneren Räume des Wohnhauses und der Kirche, dann jenen des Mobiliars und der Geräthe in Holz, Metall, Stein, Glas, Thon, Porcellan u. s. f. befassen.

Die Schüler dieser Fachschule haben von den theoretischen Vorlesungen

namentlich jene über architektonische Stillehre, über Kunstterminologie, über Farbenchemie und Farbenlehre zu besuchen.

Als Vorbedingung zum Eintritt in diese Fachschule ist ausser den allgemeinen Erfordernissen (§. 14) der Nachweis über die Fertigkeit im Zeichnen figuraler und architektonisch-ornamentaler Details, ferner über die Kenntniss der Projections- und Schattenlehre und der Perspective erforderlich.

Diejenigen, welche diese Vorbedingungen nicht nachweisen können, haben die Vorbereitungsschule der Kunstgewerbeschule und die Vorträge über Perspective, Schattenconstruction mit Inbegriff der Projectionslehre zu besuchen.

2. *Fachschule für Bildhauer.*

§. 8.

Die Fachschule für Bildhauer lehrt das Modelliren und Bossiren sowohl figuraler wie ornamentaler Gegenstände, insoweit diese in den Kunstgewerben in Anwendung kommen.

Der Unterricht in dieser Fachschule bezweckt, den Zöglingen zunächst durch das Studium der besten Meisterwerke der antiken Kunst und nach dem lebenden Modelle die plastische Darstellung der menschlichen Formen, dann aber auch der in der Plastik vorkommenden Thier- und Pflanzenformen zu verschaffen, ihren Schönheitssinn zu pflegen und die Fertigkeit in der Modellirung figuraler und ornamentaler Gegenstände auszubilden. Es wird den Zöglingen Gelegenheit gegeben, sich in den verschiedenen plastischen Vortragsweisen, insbesondere der Holzschnitzkunst, zu üben.

Die Studien nach dem lebenden Modelle werden von den Schülern dieser Fachschule gemeinsam mit den Schülern der Fachschule für das Zeichnen und Malen figuraler Gegenstände betrieben.

Diese Fachschule ist insbesondere für Jene bestimmt, welche sich der Kunsttischlerei widmen, als Rahmen- und Ornamentschneider, Bildhauer und Stuccatore, Goldschmiede, Modelleure in Thon-, Porcellan- und Glasfabriken und in Ateliers der Gold- und Silberarbeiter, der Bronze- und Metallfabrikanten u. s. f. eintreten wollen. Für die Zöglinge dieser Fachschule sind die Vorlesungen über Anatomie, über Farbenchemie und Stillehre obligat.

Zum Eintritt in diese Fachschule ist nebst den allgemeinen Erfordernissen des §. 14 einige Uebung im Zeichnen figuraler und ornamentaler Gegenstände erforderlich. Diejenigen, bei denen es an dieser Voraussetzung fehlt, sind zum Besuche des Vorbereitungscurses der Kunstgewerbeschule verpflichtet.

3. *Fachschule für das Zeichnen und Malen figuraler Gegenstände.*

§. 9.

Diese Fachschule hat das Zeichnen und Malen nach Vorbildern und der Natur zum Gegenstande, soweit es als Vorbildung zur kunstgemässen Darstellung figuralischer Objecte auf dem Felde der Kunstindustrie nöthig ist.

Der Unterricht in derselben bezweckt einerseits durch Studien nach den besten Meisterwerken der Antike und nach dem lebenden Modelle den Zöglingen die Kenntniss der menschlichen Formen anzueignen, ihren Schönheitssinn zu pflegen und die Fertigkeit im richtigen und sicheren Zeichnen von Figuren nach dem Runden auszubilden.

Weiter soll dieser Unterricht auch dazu dienen, den Zöglingen an den vorzüglichsten Mustern des Kunstgewerbes und der rein decorativen Kunst die Verwendung der menschlichen Figur als Ornament zu zeigen und sie zu lehren, die in ihr Fach einschlägigen Vorbilder entsprechend nachzuzeichnen und in Farbe darzustellen.

An dem Unterrichte in dieser Fachschule sind Jene theilzunehmen berufen, welche, was wohl bei fast allen Kunstgewerben stattfinden kann und insbesondere in der decorativen Kunst der Fall ist, bei der Ausführung der in ihr Fach einschlägigen Arbeiten die Kenntniss des Zeichnens oder Malens der menschlichen Figur benöthigen. Die Zöglinge dieser Fachschule haben die Vorträge über architektonische Stillehre und Terminologie der Kunst, über Anatomie, Farbenlehre und Farbenchemie und Perspective zu besuchen.

Specielle Vorbedingung für die Aufnahme in diese Fachschule ist eine ausgebildete Fertigkeit im Copiren von figuralen Zeichnungen und einige Uebung im Zeichnen nach dem Runden. Für Diejenigen, denen diese Vorkenntnisse fehlen, ist der Besuch der Vorbereitungsschule nothwendig.

4. Fachschule für das Zeichnen und Malen ornamentaler Gegenstände.

§. 10.

Diese Fachschule hat die gesammte ornamentale Flächenzeichnung in ihrer gewerblichen Richtung zum Gegenstande.

In derselben wird das Malen von Blumen und Thieren nach der Natur, von Ornamenten nach Vorbildern, ferner das Zeichnen von einschlägigen ausgeführten, kunstindustriellen Objecten gelehrt; es werden ferner die verschiedenen in der Decorationsmalerei üblichen Methoden der Malerei (Aquarell-, Fresco-, Tempera- und Oelmalerei) geübt.

In weiterer Folge ist sodann die Anwendung der obigen Elemente auf das Gesammtgebiet der ornamentalen Flächenverzierung in selbstständigen Compositionen der Gegenstand des Unterrichtes in dieser Fachschule.

Die Kunstgewerbe, auf welche sich der Unterricht in dieser Fachschule bezieht, sind beispielsweise das ganze Gebiet der Ornamentation gewebter Stoffe, die Wanddecoration, Zeichnung und Malerei auf Glas und Porcellan, für Email und Mosaiken u. s. w.

Die Schüler dieser Abtheilung haben die theoretischen Vorlesungen über Perspective und Schattenlehre, über Farbenlehre und Farbenchemie, sowie jene über die Kunstterminologie und Stillehre zu besuchen.

Als specielles Erforderniss zum Eintritt in diese Fachschule werden die Fertigkeit im Freihandzeichnen von figuralen Gegenständen, dann Thier-, Blumen- und Ornamentstudien nach Vorlagen verlangt.

Im Falle des Abganges dieser Vorkenntnisse hat der Besuch des Vorbereitungscurses der Aufnahme in diese Fachschule vorauszugehen.

§. 11.

Für vorgeschrittene Zöglinge aus allen Fachschulen, welche schon selbstständige Arbeiten zu liefern im Stande sind, werden Aufgaben zur wirklichen Ausführung gegeben.

In der Regel werden diese Aufgaben vom Lehrer gestellt, theils für einzelne Schüler nach ihren individuellen Neigungen und ihrer gewerblichen Richtung, theils generell für alle Schüler, welche das gleiche Fach gewählt haben. Es unterliegt indess keinem Anstande, den Schülern auch die Ausführung selbstgewählter Aufgaben zu gestatten, wenn sie nach der Beurtheilung des Lehrers hiezu schon befähigt sind.

Die Arbeitsstunden der sämmtlichen Fachschulen sind vorläufig mit Einschluss der Vorlesungen für den Wintercurs an jedem Wochentage ausser Samstag auf die Zeit von 8 Uhr früh bis 6 Uhr Abends festgesetzt. Während der Mittagszeit zwischen 12 und 2 Uhr können sich die Zöglinge auf eine Stunde entfernen.

Die Professoren werden in den Vormittagsstunden von 9 bis 12 Uhr zur Ertheilung des Unterrichtes sowie allfälliger Auskünfte in der Schule anwesend sein. An Samstagen sind, obwohl ein eigentlicher Unterricht nicht stattfindet, die Arbeitssäle dennoch für die Zöglinge geöffnet.

5. *Die Vorbereitungsschule.*

§. 12.

Die Vorbereitungsschule hat die Aufgabe, bei mangelhafter Vorbildung jene Fertigkeit im Zeichnen zu gewähren, welche zur erfolgreichen Benützung des Unterrichtes in den Fachschulen nöthig erscheint.

Der Unterricht der Vorbereitungsschule besteht erstens in Zeichnungsübungen, im Copiren nach figuralen, architektonischen und ornamentalen Details zur Erlangung der nothwendigen manuellen Gewandtheit, sodann im freien Handzeichnen nach plastischen und gezeichneten Figuren, Thieren, Ornamenten und Blumen mit jeweiliger besonderer Rücksicht auf die Fachschule, in welche der Schüler einzutreten beabsichtigt, beziehungsweise das Fach, dem er sich später zu widmen gedenkt.

Die Arbeitsstunden der Vorbereitungsschule beginnen mit Ausnahme Samstags im Sommer um 7 Uhr früh, im Winter um 8 Uhr früh und endigen um 7 Uhr Abends.

Die Unterrichtsstunden sind täglich, mit Ausnahme Samstags, von 5 bis 7 Uhr Abends.

C. Aufnahmsbedingungen in die Vorbereitungsschule und die Fachschulen.

§. 13.

Zum Eintritt in die Vorbereitungsschule ist erforderlich:

a) der Nachweis über die beendeten Studien eines Untergymnasiums, eines Realgymnasiums oder einer Unterrealschule, oder

b) der Nachweis über den Besuch einer Zeichenschule und in der Regel über das zurückgelegte 14. Lebensjahr, und

c) für beide Fälle der Nachweis über die Ausbildung in den Elementen des Zeichnens durch Vorlage von Proben, welche zugleich für das Kunsttalent des Aufzunehmenden Zeugniss ablegen.

Wenn solche Proben nicht beizubringen sind, hat der Aufzunehmende sich einer Prüfung zu unterziehen, von deren Resultate die Aufnahme abhängig ist.

§. 14.

Zum Eintritt in die Fachschulen ist erforderlich: entweder

a) der mit gutem Erfolge absolvirte Vorbereitungscurs, oder

b) nebst dem Nachweise der zum Eintritte in die Vorbereitungsschule nothwendigen Vorbedingungen der durch eine Prüfung gelieferte Nachweis über jenen Stand der Zeichenfertigkeit, welcher nach den weiter unten folgenden speciellen Anordnungen für die betreffende Fachschule als Vorbedingung nöthig und dessen Aneignung eventuell die Aufgabe der Vorbereitungsschule ist;

c) in der Regel das vollendete 16. Lebensjahr, wovon aber durch das Lehrercollegium geeigneten Falles Dispensation ertheilt werden kann.

Die Aufnahme in die Fachschule ist nur eine vorläufige, auf ein halbes Jahr, sodann erfolgt, wenn der Schüler während dieses Zeitraumes genügende Befähigung und entsprechenden Fleiss gezeigt hat, die definitive Aufnahme.

Die Zahl der Schüler darf in jeder Fachschule 40 nicht überschreiten; die Statuten enthalten die näheren Bestimmungen darüber, was im Falle einer Ueberschreitung dieser Zahl zu geschehen hat.

§. 15.

Jeder Schüler der Kunstgewerbeschule hat bei der Aufnahme eine Taxe von 2 fl. zu entrichten, welche zur Vermehrung der Lehrmittel verwendet wird. Von dieser Aufnahmstaxe findet keine Befreiung statt.

Das Schulgeld, welches in halbjährigen Raten vorhinein zu erlegen ist, beträgt 10 fl. jährlich für die Vorbereitungsschule, 18 fl. für die Fachabtheilung.

Bei nachgewiesener Mittellosigkeit und entschiedener Befähigung kann eine Befreiung vom Schulgelde stattfinden.

Die Entscheidung darüber steht der Statthalterei über Antrag des Lehrkörpers zu.

Die Hospitanten haben das Schulgeld wenigstens für ein Semester zu entrichten.

Die Bestimmungen wegen Befreiung vom Schulgelde können eventuell auch auf Hospitanten Anwendung finden.

§. 16.

Sämmtliche Materialien und Geräthschaften zum Zeichnen und Modelliren hat der Schüler selbst zu stellen. Die Vorlagen und Modelle werden von der Schule beigestellt.

Für Beschädigungen am Mobiliar oder an den Lehrmitteln haben die Schüler und deren Eltern oder Vormünder zu haften.

§. 17.

Als Hauptferien für die Kunstgewerbeschule ist die Zeit von Mitte August bis Ende September bestimmt.

Ausserdem wird der Unterricht zu Ostern auf 8 Tage (anlässlich des Semesterwechsels), dann an allen Sonn- und Feiertagen, sowie auch Samstags unterbrochen, welch' letzterer Wochentag für die Reinigung der Schullocalitäten und Ateliers bestimmt ist.

Disciplinarordnung für die Zöglinge.

§. 1.

Die Ausübung der Disciplinargewalt an der Kunstgewerbeschule steht dem Director und den Professoren zu. Sie äussert sich in der Anordnung und Vollziehung derjenigen Massregeln, welche geboten erscheinen, um Achtung vor dem Gesetze, Anstand, Sitte und Ordnung an dieser Schule aufrecht zu erhalten und die Ehre und Würde derselben zu wahren.

§. 2.

Die Studirenden sind zur Befolgung der Schulgesetze oder besonderer Anordnungen des Directors und der Professoren, sowie zu einem anständigen Benehmen gegen ihre Vorgesetzten und unter einander verpflichtet. Wer sich dagegen durch unanständiges Betragen, durch unsittliche und Aergerniss gebende Handlungen oder durch beharrlichen Unfleiss und durch nicht gerechtfertigte Schulversäumniss vergeht, wer Beleidigungen gegen die Vorgesetzten, gegen Lehrer, auch gegen seine Collegen oder gegen Diener in der Ausübung ihres Dienstes sich erlaubt, wer sich der Störung des Unterrichtes, der Ruhe und Ordnung schuldig macht, wird zur Verantwortung gezogen.

§. 3.

Die Studirenden der Kunstgewerbeschule unterstehen ihren bürgerlichen Verhältnissen und ihren bürgerlich strafbaren Handlungen nach den allgemeinen Gesetzen und Behörden.

Letztere erstatten bei vorkommenden Untersuchungen und Entscheidungen hierüber Anzeige an den Director, welcher im Einverständnisse mit dem Professoren-Collegium je nach dem schädlichen Einflusse, welchen die strafbare Handlung vielleicht auf die Ordnung oder die Ehre der Anstalt ausgeübt hat, über den Schuldigen eine entsprechende Disciplinarstrafe verhängt.

§. 4.

Die Arten der Ahndung disciplinarer Vergehen nach Maass der Grösse und Wiederholung derselben sind:

1. Ermahnung und Verwarnung durch den Director, nach seinem Ermessen auch vor dem Lehrkörper;
2. Rüge durch denselben mit der Drohung, dass im Falle einer wiederholten, wenn auch geringen Straffälligkeit die Verweisung von der Schule erfolgen werde;
3. die Wegweisung von der Kunstgewerbeschule für eine bestimmte Zeit;
4. die Wegweisung für immer.

§. 5.

Bei Beleidigungen hat die Abbitte niemals zu unterbleiben. Die Verweigerung derselben zieht den nächst schärferen Strafgrad nach sich.

§. 6.

Die gegen die Zöglinge der Kunstgewerbeschule in Anwendung gebrachten Disciplinarstrafen sind in steter Evidenz zu halten.

§. 7.

Die Zöglinge der Kunstgewerbeschule sind keine Corporation, sie können daher weder Versammlungen halten, noch Geschäftsführer oder Repräsentanten haben, noch sonst eine nur Corporationen zukommende Function ausüben.

§. 8.

Sämmtliche Studirende an dieser Schule sind zu regelmässigem Besuche der Vorlesungen und Uebungsstunden verpflichtet und haben alle von den Professoren und Docenten angeordneten Arbeiten auszuführen.

Wer durch Krankheit oder andere Umstände zu einer Versäumniss veranlasst wird, hat den betreffenden Professoren und Docenten sogleich unter Angabe der Gründe hierüber die schriftliche Anzeige zu erstatten und beim Wiedererscheinen sich zu melden, sowie auf Verlangen den Nachweis jener Gründe zu liefern.

Wer diese Anordnung ausser Acht lässt, wird als nicht entschuldigt angesehen.

§. 9.

Wohnungsveränderungen der Studirenden sind ohne Verzug dem Director der Kunstgewerbeschule anzuzeigen.

§. 10.

Die Räumlichkeiten der Schule, die Einrichtungsstücke, Lehrmittel u. s. w. sind sorgfältig zu schonen. Für Beschädigungen hat der Schuldige Ersatz zu leisten, und kann derselbe noch einer besonderen Ahndung unterzogen werden. Zu dieser Ersatzpflicht können, im Falle der Beschädiger nicht ermittelt wird, alle Schüler der betreffenden Abtheilung verhalten werden.

§. 11.

Das Tabakrauchen in den Räumlichkeiten der Schule ist nicht gestattet.

§. 12.

Nach Beginn der Vorlesung wird der Saal geschlossen, später Kommende finden keinen Einlass mehr. Nach Beginn des Actzeichnens wird der Actsaal bis zur Ruhestunde geschlossen.

Später Kommende können erst in der Ruhestunde in den Actsaal eintreten.

Nach beendigter Unterrichtszeit werden sämmtliche Hör- und Arbeitssäle geschlossen und dürfen ausser dieser Zeit nur mit besonderer Erlaubniss benützt werden. Diese ist für Unterrichtszwecke bei dem betreffenden Professor nachzusuchen.

§. 13.

Sämmtliche Zöglinge dieser Schule, gleichviel, ob sie ordentliche oder Hospitanten sind, unterstehen der Disciplinarordnung.

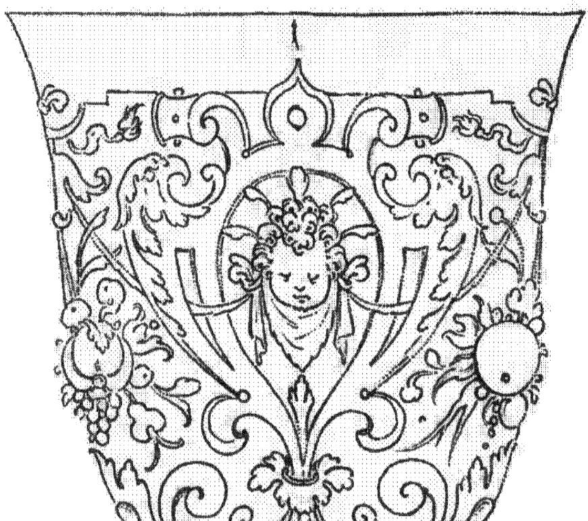

III. Wirksamkeit der Schule.

Ein Institut so ganz neuer Art konnte die ersten Jahre seines Wirkens nur als Lehrjahre für alle Betheiligten ansehen, und wirklich stellte sich bald heraus, dass die thatsächlichen Verhältnisse vielfältig nicht den Voraussetzungen entsprachen, unter welchen die Statuten entworfen worden waren, oder dass mit anderen Worten die Gründung der Schule ein noch viel dringenderes Bedürfniss gewesen, als man geahnt hatte.

Vor Allem war die künstlerische Vorbildung der Schüler in der Regel ungenügend, derart, dass der Vorbereitungsschule, welche eigentlich nur für Ausnahmsfälle geschaffen worden war, gleich zuerst fast die Hälfte aller Aufgenommenen zugewiesen werden musste (24 von 50) und im Laufe des Schuljahres sich dieses Verhältniss noch ungünstiger gestaltete, indem von den Neuhinzugetretenen mehr als zwei Drittel nicht reif für eine Fachschule waren. Ueberdies standen nur zu oft die Leistungen der Schüler mit den eingereichten Probezeichnungen in auffallendem Missverhältniss — Umstände, welche zunächst den Lehrkörper nöthigten, die Einführung von Aufnahmsprüfungen zu beantragen, dann aber auch die Nothwendigkeit einer Reform des ganzen Zeichenunterrichtes in ein helles Licht setzten.

Als ein weiteres Hemmniss erwies sich, dass einer sehr grossen Zahl von Schülern die Mittel mangelten, um den Aufenthalt in Wien zu bestreiten; und wenn auch die n. ö. Statthalterei in allen berücksichtigungswerthen Fällen die Befreiung von dem ohnehin so niedrig als möglich bemessenen Schulgelde gewährte, so konnte damit die Gefahr nicht beseitigt werden, dass vielleicht die talentvollsten und strebsamsten Jünglinge durch ihre Mittellosigkeit vom Besuche der Schule ausgeschlossen bleiben mussten. In Würdigung dieses Umstandes vereinigte sich im März 1869 eine Anzahl von Freunden unserer Sache zu einer „Gesellschaft zur Förderung der Kunstgewerbeschule“, deren Zweck es laut §§. 1 und 2 der Statuten *) ist, talentvolle Zöglinge der Schule durch Ertheilung von Schulstipendien, Reisestipendien und Aufträgen zu unterstützen — ohne Unterschied der Nationalität, Religion u. s. w.

Diese Gesellschaft, an deren Spitze als Gründer Se. Majestät der Kaiser und mehrere Mitglieder des a. h. Hauses traten, hat unter dem Protectorat Sr. Durchl. des Fürsten Richard Metternich und dem Präsidium Sr. Exc. des Grafen Edmund Zichy in den vier ersten Vereinsjahren circa 32.000 fl. an Gründungsbeiträgen und über 12.000 fl. an Jahresbeiträgen eingenommen, zahlreiche Stipendien gezahlt und ausserdem Zöglinge der Anstalt mit Aufträgen bedacht.

Den Statuten gemäss sind auch Stipendien mit ausdrücklicher Widmung für ein bestimmtes Kronland gegründet worden; so für Mähren, Ungarn, Schlesien, Steiermark. Das k. k. Handelsministerium bestimmte ferner im Juni 1869 die Summe von 6000 fl. zu zweijährigen Stipendien für zehn Schüler und erneuerte diesen Betrag im Jahre 1871. An diese Staatsstipendien, welche an Schüler aus sämmtlichen Kronländern, mit Ausschluss Niederösterreichs, verliehen werden dürfen, schliesst sich die Stiftung des Freiherrn Louis v. Haber-Linsberg, welcher 20.000 fl. zu Stipendien für Zöglinge aus Niederösterreich spendete. Im Jahre 1870 betheiligte sich der n. ö. Gewerbeverein insofern an den Bestrebungen der Gesellschaft, als er drei Preise für Compositionen kunstgewerblicher Gebrauchsgegenstände aussetzte.

Weiter bestimmte Fürst *Schwarzenberg* ein Capital von 1000 fl. zur Unterstützung eines aus den fürstlichen Herrschaften gebürtigen Kunstgewerbeschülers. Eine von der Herzogin Maria Theresia von Savoy, gebornen Fürstin Liechtenstein, im Jahre 1849 für zwei Lehrknaben der damaligen ärarischen Porcellanfabrik in Wien gegründete Stiftung wurde von dem regierenden Fürsten *Johann von und zu Liechtenstein* im Einvernehmen mit den Ministerien

*) Siehe dieselben am Schlusse dieses Abschnittes.

des Unterrichts und der Finanzen auf den Jahresbetrag von 220 fl. erhöht und in ein Stipendium für einen Zögling der Kunstgewerbeschule verwandelt, welcher Porcellanmaler oder Porcellanmodelleur werden will.

Die *n. ö. Handels- und Gewerbekammer* gründete ein Stipendium von 300 fl. jährlich vorzugsweis zu Gunsten solcher Schüler, welche aus der Sphäre der Gewerbe an die Kunstgewerbeschule herantreten.

In letzter Zeit wurden auf den Antrag der von den Ministerien für Handel und für Cultus und Unterricht eingesetzten ständigen *Commission für das Gewerbschulwesen* noch verschiedene Stipendien für besondere Industrien gestiftet: drei für Zöglinge der erzgebirgischen Spitzenindustrie, zwei im Interesse der Stickerei und Kattundruckerei in Vorarlberg, zwei für Holzschneider, drei für Zöglinge, welche von dem Sechshauser Handels- und Gewerbeverein vorgeschlagen wurden, endlich verschiedene Specialstipendien für Zeichner, Holzbildhauer etc., welche bestimmt sind, die Leitung von Fachschulen zu übernehmen.

Wurde auf solche Weise talentvollen jungen Leuten aus allen Theilen des Reiches die Möglichkeit eröffnet, sich an der Kunstgewerbeschule auszubilden, und verringerte sich andererseits die Ungleichheit in der Vorbildung allmählich, je mehr Zöglinge der Vorbereitungsschule in die Fachschulen zugelassen werden konnten, so bereitete bald und bereitet heute noch der Andrang Lernbegieriger, der ausser Verhältniss zu dem vorhandenen Raume steht, nicht geringe Schwierigkeiten. Im Laufe des ersten Jahres steigerte sich die Schülerzahl von 50 auf 78, im folgenden auf 120 und in dieser Progression fort. Im Jahre 1870/71 zählte die Vorbereitungsschule schon 109 Schüler und die Zahl der Schülerinnen, sechs bei Eröffnung der Anstalt, verdrei- und vervierfachte sich rasch — und alles das, obgleich vom zweiten Jahre an eine viel grössere Strenge bei der Aufnahme beobachtet und namentlich alle jene Bewerber zurückgewiesen wurden, welche nicht ausdrücklich die Absicht kundgaben, das Erlernte für Zwecke des Kunstgewerbes zu verwenden. Die eine Folge dieses Andrangs war, dass nicht allein die provisorischen Schulräume in der Gewehrfabrik, sondern auch die im Erdgeschosse, im ersten und zweiten Stocke des neuen Museumsgebäudes der Schule zugewiesenen Localitäten bei ökonomischester Ausbeutung doch sehr bald ungenügend waren; die andere, dass für die Vorbereitungsschule zunächst (1871) ein Supplent und bald ein zweiter Professor bestellt werden musste, bei welchem Anlass zugleich eine Trennung in zwei Abtheilungen: für figurales und für ornamentales Zeichnen, durchgeführt wurde.

Einer Abhülfe der Raumnoth sieht die Schule nun ebenfalls entgegen, da der Bau eines mit dem Museum in Verbindung stehenden Schulhauses principiell bereits beschlossen ist.

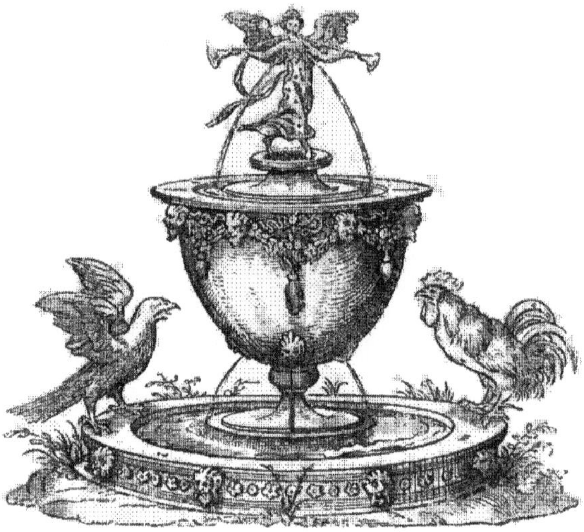

Konnten aus den hier angeführten Gründen die Schulordnung und der Lehrplan, wie sie vor Eröffnung der Schule festgestellt worden waren, gewissermassen nur als Entwürfe angesehen werden, welche der Correctur nach Massgabe der factischen Verhältnisse bedurften, so empfahl es sich doch nicht, sie nominell bestehen zu lassen, sobald ihre stricte Beobachtung zur Unmöglichkeit geworden war.

Der Lehrkörper unterzog daher im Laufe des Sommers 1872 Schulordnung und Lehrplan einer eingehenden Revision, welche nach Gutheissung durch den Aufsichtsrath mittelst hohen Ministerialerlasses vom 18. August 1872 genehmigt und zugleich mit der Verordnung über Einrichtung eines Curses für Zeichenlehrer veröffentlicht wurde.

Revidirte

Schulordnung und Lehrplan.

A. Allgemeine Bestimmungen.

§. 1.

Die Kunstgewerbeschule des k. k. Oesterreichischen Museums für Kunst und Industrie hat nach den Statuten die Erziehung kunstgebildeter Kräfte für die Bedürfnisse der Kunstindustrie zur Aufgabe. Es bilden daher jene Zweige der Kunst, welche die Vorbedingungen eines künstlerischen Schaffens auf dem Gebiete der Industrie sind, die Hauptgegenstände des Unterrichtes und bedingen die Gliederung der Anstalt.

Diese Zweige sind: die Baukunst in ihrer Anwendung auf die Ausschmückung der Gebäude, die Bildhauerei, das Zeichnen und Malen in ihrer Beziehung und Anwendung auf die Erfordernisse der Kunstgewerbe.

§. 2.

Die Kunstgewerbeschule zerfällt demnach:

a) in vier Fachschulen:

für die Baukunst in der oben angeführten Begrenzung,
für die Bildhauerei,
für Thier-, Blumen- und Ornamentmalerei,
für das figurale Zeichnen und Malen in ihrer Beziehung auf Kunstgewerbe;

b) in eine Vorbereitungsschule für die noch nicht hinlänglich gebildeten Candidaten der Fachschulen.

Neben den Hauptgegenständen des Unterrichtes, von denen weiter unten die Rede sein wird, sollen in der Kunstgewerbeschule, um den Zöglingen jene allseitige Ausbildung zu verschaffen, welche heutzutage zu einem erfolgreichen Wirken im Kunstgewerbe nöthig ist, noch eine Reihe von technischen und wissenschaftlichen Nebenfächern gelehrt werden.

Diese Vorträge werden während des Besuches der Vorbereitungsschule oder eventuell der Fachschulen gehalten; der Besuch derselben ist obligatorisch. Sie zerfallen in solche, welche alljährlich wiederkehren, und solche, die in einem Turnus von 2—3 Jahren gehalten werden.

I. Die regelmässig wiederkehrenden sind:

a) Projections- und Schattenlehre und Perspective;

b) Stillehre und Lehre der Gefässe und Geräthe;

c) Anatomie.

Davon sind jene über Projectionslehre *a*) und Stillehre *b*) für alle Zöglinge der Vorbereitungsschule obligatorisch, Anatomie für jene, die sich einem figuralen Fache widmen und schon hinreichende Zeichenfertigkeit besitzen.

II. Die in einem mehrjährigen Turnus wiederkehrenden:

Kunstgeschichte, Geschichte der Kunstindustrie oder einzelner Zweige derselben in Verbindung mit Volkswirthschaftslehre, Farbenlehre und Farbenchemie, die Lehre von den in den Gewerben gebrauchten Materialien, sowie ihrer technischen Verarbeitung.

Diese Vorlesungen sind von allen jenen Schülern der Fachschulen zu hören, denen dies mit Rücksicht auf ihren künftigen Beruf angeordnet wurde.

§. 3.

Die Besucher der Kunstgewerbeschule sind theils ordentliche Schüler, welche sich in der einen oder anderen Fachschule nach den Bestimmungen des Lehrplanes vollständig ausbilden wollen, theils Hospitanten.

Der Besuch der Vorbereitungsschule ist für ordentliche Schüler im Maximum auf drei Jahre beschränkt, jener der Fachschule hängt von den Fortschritten des betreffenden Schülers ab. Die Aufnahme in die Fachschule erfolgt erst dann definitiv, wann der Professor der Fachschule die vollständige Ueberzeugung von der Reife des Schülers erlangt hat.

Der Uebertritt aus einer Fachschule in eine andere während dieses Zeitraumes, ferner auch, soweit dies dem geordneten Studiengange nicht entgegen ist, der gleichzeitige Besuch zweier Fachschulen unterliegt keinem principiellen Bedenken; doch hat über einschlägige Gesuche der Lehrkörper von Fall zu Fall zu entscheiden, welcher dabei den speciellen Anforderungen der Zweige der Kunstindustrie und den individuellen Bedürfnissen der Schüler Rechnung zu tragen hat.

Der Eintritt in die Kunstgewerbeschule ist für ordentliche Schüler beim Beginne des Schuljahres oder Semesters, der Austritt zu jeder Zeit gestattet.

§. 4.

Ausser der Ausbildung ordentlicher Schüler soll die Kunstgewerbeschule auch noch den Zweck verfolgen, Hospitanten zur Vervollständigung ihrer künstlerischen Ausbildung Gelegenheit zu bieten. Hiebei ist es namentlich auf Zeichner, Modelleure, Werkführer in Fabriken und Privatateliers und Jene abgesehen, welche schon in bestimmten Fächern praktisch thätig sind und nur zur Ausfüllung einer Lücke ihres Wissens und Könnens die Vorbereitungsschule oder eine Fachschule besuchen wollen.

Die Bestimmungen des §. 3 hinsichtlich der Dauer des Unterrichtes haben auf Hospitanten keine Anwendung; diese sind an keinen bestimmten Lehrplan gebunden, noch auch an die Stundeneintheilung der ordentlichen Schüler; jedoch haben dieselben bei ihrem Eintritte zu erklären, welche Stunden sie die Schule frequentiren wollen und sich darnach strenge zu halten. Der Schulordnung haben sie sich ebenfalls strenge zu fügen und die Dauer ihres Schulbesuches hängt, wie überhaupt ihre durch das Ausmass der verfügbaren Localitäten bedingte Zulassung, von der Entscheidung des Lehrkörpers ab.

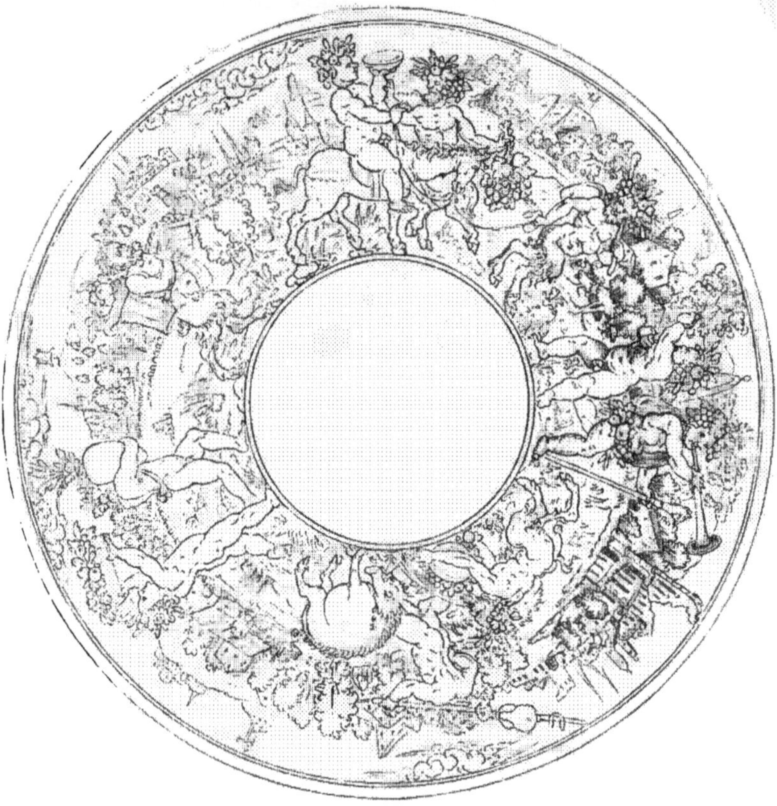

§. 5.

Der Unterricht an der Kunstgewerbeschule beginnt Anfangs October und schliesst Ende Juli. Die Aufnahme der ordentlichen Schüler findet zwischen dem 1. und 4. October, die der Hospitanten an dem darauf folgenden Tage statt.

Die Arbeitsstunden normirt der Stundenplan. Die Vorlesungen werden in die Nachmittagsstunden verlegt.

§. 6.

Prüfungen finden nur in den theoretischen Fächern statt und werden über den Erfolg derselben Prüfungszeugnisse ausgestellt; blosse Frequentationszeugnisse können in denselben nicht gegeben werden.

Jeder Hörer ist verpflichtet, eine Prüfung abzulegen. Besteht der Schüler die Prüfung mit schlechtem Erfolg, so kann derselbe den Gegenstand nur noch einmal, und zwar in dem darauf folgenden Jahre hören.

Jeder ordentliche Schüler, der ein volles Jahr eine Fach- oder die Vorbereitungsschule besucht hat, hat das Recht auf ein Zeugniss für diese Zeit des Besuches (Frequentationszeugniss); beim Austritte nach vollständiger Absolvirung der Fachschule wird vom Lehrkörper ein Abgangszeugniss ausgefertigt, welches den Besuch der Schule, die Dauer und den Erfolg desselben constatirt.

Hospitanten haben nur auf Frequentationszeugnisse Anspruch.

Die Arbeiten der Schüler werden alljährlich öffentlich ausgestellt.

B. Bestimmungen über die einzelnen Fachschulen und die Vorbereitungsschule.

1. Fachschule für Baukunst.

§. 7.

Die Fachschule für Baukunst umfasst die Lehre vom architektonischen Stile und den architektonischen Formen im Allgemeinen; im Besonderen ihre Anwendung auf jene Kunstgewerbe, welche es mit architektonischen Elementen zu thun haben. So lehrt dieselbe Entwürfe der Totalanordnung der inneren Räume des Wohnhauses, der Kirche u. s. w., dann jene des Mobiliars und der Geräthe in Holz, Metall, Stein, Glas, Thon, Porcellan u. s. f.

Den Gegenstand des Unterrichtes bildet vorerst das Studium (Decomposition) ausgeführter, in den Kreis dieser Fachschule gehöriger kunstindustrieller Objecte, verbunden mit Erläuterungen über Stil, Materiale, Construction und künstlerische und technische Durchbildung derselben und gleichzeitig die Anleitung zur Herstellung künstlerisch und technisch vollendeter Werkzeichnungen; für die vorgeschritteneren Zöglinge endlich das selbstständige, stilgerechte Schaffen auf dem Gebiete der einschlägigen Kunstindustrie.

Die Schüler dieser Fachschule haben von den theoretischen Vorlesungen, wenn sie nicht aus der Vorbereitungsschule hervorgegangen sind, namentlich jene über architektonische Stillehre, eventuell auch über Farbenchemie und Farbenlehre zu besuchen.

Als Vorbedingung zum Eintritt in diese Fachschule ist ausser den allgemeinen Erfordernissen (§. 14) der Nachweis über die Fertigkeit im Zeichnen figuraler und architektonisch-ornamentaler Details, ferner über die Kenntniss der Projections- und Schattenlehre und der Perspective erforderlich.

2. *Fachschule für Bildhauer.*

§. 8.

Die Fachschule für Bildhauer lehrt das Modelliren und Bossiren sowohl figuraler als ornamentaler Gegenstände, insoweit diese in den Kunstgewerben zur Anwendung kommen, z. B. für Kunsttischlerei, Stuccaturarbeiten, Goldschmiedarbeiten, Arbeiten in Thon, Porcellan und Glas etc. Für Zöglinge dieser Fachschule sind die Vorlesungen über Anatomie und wenn sie nicht aus der Vorbereitungsschule hervorgegangen sind, auch jene über Stillehre obligat.

Als Vorbedingung zum Eintritt in diese Fachschule ist ausser den im §. 14 angeführten Erfordernissen der Nachweis über die Fertigkeit figuraler und ornamentaler Details, ferner über die Kenntniss der Projections- und Schattenlehre und der Perspective erforderlich.

Der Unterricht in dieser Fachschule bezweckt, den Zöglingen zunächst durch das Studium der besten Meisterwerke der antiken Kunst und nach dem lebenden Modelle die plastische Darstellung der menschlichen, Thier- und Ornamentformen zu verschaffen, ihren Schönheitssinn zu pflegen und die Fertigkeit in der Modellirung figuraler und ornamentaler Gegenstände auszubilden. Es wird den Zöglingen Gelegenheit gegeben, sich in den verschiedenen plastischen Vortragsweisen zu üben.

3. *Fachschule für das Zeichnen und Malen figuraler Gegenstände.*

§. 9.

Diese Fachschule hat das Zeichnen und Malen nach Vorbildern und der Natur zum Gegenstande, soweit es als Vorbildung zur kunstgemässen Darstellung figuralischer Objecte auf dem Felde der Kunstindustrie nöthig ist. Der Unterricht in derselben bezweckt einerseits durch Studien nach den besten Meisterwerken der Antike und nach dem lebenden Modelle den Zöglingen die Kenntniss der menschlichen Formen anzueignen, ihren Schönheitssinn zu pflegen und die Fertigkeit im richtigen und sicheren Zeichnen von Figuren nach dem Runden auszubilden.

Weiter soll dieser Unterricht auch dazu dienen, den Zöglingen an den vorzüglichsten Mustern des Kunstgewerbes und der rein decorativen Kunst die Verwendung der menschlichen Figur als Ornament zu zeigen und sie zu lehren, die in ihr Fach einschlägigen Vorbilder entsprechend nachzuzeichnen und in Farbe darzustellen.

An dem Unterrichte in dieser Fachschule sind Jene theilzunehmen berufen, welche, was wohl bei fast allen Kunstgewerben stattfinden kann und insbesondere in der decorativen Kunst der Fall ist, bei der Ausführung der in ihr Fach einschlägigen Arbeiten die Kenntniss des Zeichnens oder Malens der menschlichen Figur benöthigen. Die Zöglinge dieser Fachschule haben die Vorträge über architektonische Stillehre, über Anatomie, Farbenlehre und Farbenchemie und Perspective zu hören.

Specielle Vorbedingung für die Aufnahme in diese Fachschule ist ausser dem im §. 14 ausgesprochenen eine ausgebildete Fertigkeit im Copiren von figuralen Zeichnungen und einige Uebung im Zeichnen nach dem Runden, und wenn der Aufzunehmende nicht aus der Vorbereitungsschule hervorgegangen ist, der Nachweis über die Kenntniss der Perspective, Projections- und Schattenlehre.

4. Fachschule für Thier-, Blumen- und Ornamentmalerei.

§. 10.

Diese Fachschule hat die ornamentale Flächendecoration zum Gegenstande. In derselben wird das Malen von Blumen und Thieren nach der Natur, von Ornamenten nach Vorbildern, ferner das Zeichnen von einschlägigen ausgeführten, kunstindustriellen Objecten gelehrt; es werden ferner die verschiedenen in der Decorationsmalerei üblichen Methoden der Malerei (Aquarell-, Fresco-, Tempera- und Oelmalerei) geübt.

In weiterer Folge ist sodann die Anwendung der obigen Elemente auf das Gesammtgebiet der ornamentalen Flächenverzierung in selbstständigen Compositionen der Gegenstand des Unterrichtes in dieser Fachschule.

Die Kunstgewerbe, auf welche sich der Unterricht in dieser Fachschule bezieht, sind beispielsweise das ganze Gebiet der Ornamentation gewebter Stoffe, die Wanddecoration, Zeichnung und Malerei auf Glas und Porcellan, für Email und Mosaiken u. s. w.

Die Schüler dieser Abtheilung haben die theoretischen Vorlesungen über Farbenlehre und Farbenchemie, sowie jene über Stillehre zu besuchen.

Als specielles Erforderniss nach §. 14 zum Eintritt in diese Fachschule werden die Fertigkeit im Freihandzeichnen von figuralen Gegenständen, dann Thier-, Blumen- und Ornamentstudien nach plastischen Vorlagen, so wie auch der Nachweis über die Kenntniss der Projections- und Schattenlehre, so wie auch der Perspective verlangt.

§. 11.

In allen Fachschulen werden von den betreffenden Professoren Compositionsaufgaben gestellt, welche nach Thunlichkeit in der Schule nach dem Entwurfe auch praktisch ausgeführt werden können.

Die Professoren aller Abtheilungen werden in den Vormittagsstunden zur Ertheilung des Unterrichtes sowie allfälliger Auskünfte in der Schule anwesend sein. An Samstagen sind, obwohl ein eigentlicher Unterricht nicht stattfindet, die Arbeitssäle dennoch für jene Zöglinge geöffnet, welche die specielle Bewilligung von Seite ihrer Professoren dazu haben.

5. Die Vorbereitungsschule.

§. 12.

Die Vorbereitungsschule hat die Aufgabe, bei mangelhafter Vorbildung jene Fertigkeit im Zeichnen und Kenntniss jener Hilfswissenschaften zu gewähren, welche zur erfolgreichen Benützung des Unterrichtes in den Fachschulen nöthig erscheint.

Die Vorbereitungsschule besteht aus zwei vollkommen von einander getrennten Abtheilungen, dem Ornament- und Figurenzeichnen, denen je ein Professor vorsteht; vorläufig sind beide Abtheilungen in einem Locale untergebracht.

1. Abtheilung. Ornamentzeichnen, d. i. Zeichnen nach plastischen und Flachornamenten, ferner das Zeichnen und Aufnehmen kunstgewerblicher Gegenstände.

2. Abtheilung. Figurenzeichnen, d. i. Zeichnen nach Gypsmodellen antiker Köpfe und einzelner Körpertheile.

Bei der Wahl der Vorlagen wird speciell Rücksicht genommen auf die Fachschule, in welche der Schüler einzutreten wünscht, beziehungsweise auf das Fach, dem er sich später zu widmen gedenkt.

Für ordentliche Schüler der Vorbereitungsschule ist der Besuch beider Abtheilungen obligatorisch und hat derselbe abwechselnd semesterweise zu geschehen.

Im Hinblick auf den künftigen Beruf kann der Schüler vom Besuche des Figurenzeichnens entbunden und zum ununterbrochenen Besuche des Ornamentzeichnens verpflichtet werden.

In der Regel hat der Besuch des ornamentalen Zeichnens jenem des figuralen vorauszugehen. Diese Reihenfolge wird ausserdem mit Rücksicht auf den künftigen Beruf und die Fähigkeiten des Schülers und den in jeder der beiden Abtheilungen disponibeln Platz bei der Aufnahme von der Direction bestimmt.

Hospitanten bleibt die Wahl der Abtheilungen selbst überlassen, jedoch können sie die Vorbereitungsschule im Wintersemester nur von 5—7 Uhr Abends (Abendcurs), im Sommersemester von 7—9 Uhr Morgens (Morgencurs) besuchen.

Die Schüler haben während des Besuches die Vorlesungen über Projectionslehre, Perspective im ersten Jahre, Stillehre im zweiten Jahre zu hören und darüber Jahresprüfungen abzulegen.

Die Schulstunden sind im Winter von 8—12 Uhr Vormittags und von 5—7 Uhr Abends, im Sommersemester von 7—9 Uhr Morgens und von 9—12 Uhr Vormittags, ausserdem die Uebungsstunden auch Nachmittags von 2—5, resp. 6 Uhr, soferne diese Zeit nicht durch Vorlesungen in Anspruch genommen ist.

C. Aufnahmsbedingungen in die Vorbereitungsschule und in die Fachschulen.

§. 13.

Zum Eintritt in die Vorbereitungsschule ist erforderlich:

a) der Nachweis über die beendeten Studien eines Untergymnasiums, eines Realgymnasiums oder einer Unterrealschule; denjenigen, welchen die angeführten Studien fehlen, kann die Aufnahme nur dann bewilligt werden, wenn die vorgelegten Zeichnungen schon einen besonders hohen Grad der Ausbildung und hervorragendes Talent beurkunden;

b) der Nachweis über das zurückgelegte 14. Lebensjahr.

c) In allen Fällen hat der Aufzunehmende sich einer Prüfung zu unterziehen, von deren Resultate die Aufnahme abhängig ist.

§. 14.

Zum Eintritt in die Fachschulen ist erforderlich:

a) der mit gutem Erfolge absolvirte Vorbereitungscurs, oder

b) nebst dem Nachweise der zum Eintritte in die Vorbereitungsschule nothwendigen Vorbedingungen der durch eine Prüfung gelieferte Nachweis über jenen Stand der Zeichenfertigkeit und Kenntniss der Hilfswissenschaften, welcher nach den oben angeführten speciellen Anordnungen für die betreffende Fachschule als Vorbedingung nöthig und dessen Aneignung eventuell die Aufgabe der Vorbereitungsschule ist;

c) in der Regel das vollendete 16. Lebensjahr.

Die Aufnahme jener Schüler, die direct in eine Fachschule eintreten, ist blos eine vorläufige, wenn der Schüler eine genügende Befähigung und entsprechenden Fleiss gezeigt hat, erfolgt die definitive Aufnahme.

§. 15.

Jeder Schüler der Kunstgewerbeschule hat bei der Aufnahme eine Taxe von 2 fl. zu entrichten, welche zur Vermehrung der Lehrmittel verwendet wird. Von dieser Aufnahmstaxe findet keine Befreiung statt.

Das Schulgeld, welches in halbjährigen Raten vorhinein zu erlegen ist, beträgt jährlich 10 fl. für die Vorbereitungsschule, 18 fl. für die Fachabtheilung.

Bei nachgewiesener Mittellosigkeit und entschiedener Befähigung kann eine Befreiung vom Schulgelde stattfinden.

Die Entscheidung darüber steht der Statthalterei über Antrag des Lehrkörpers zu.

Die Hospitanten haben das Schulgeld wenigstens für ein Semester zu entrichten.

Die Bestimmungen wegen Befreiung vom Schulgelde können eventuell auch auf Hospitanten Anwendung finden.

§. 16.

Sämmtliche Materialien und Geräthschaften zum Zeichnen und Modelliren hat der Schüler selbst zu stellen; die Vorlagen und Modelle werden von der Schule beigestellt.

Für Beschädigungen am Mobiliar oder an den Lehrmitteln haben die Schüler und deren Eltern oder Vormünder zu haften.

§. 17.

Als Hauptferien für die Kunstgewerbeschule ist die Zeit vom 1. August bis Ende September bestimmt.

Jeden Samstag sind der Reinigung wegen die Schullocalitäten geschlossen.

Im Uebrigen richten sich die Ferien nach den Bestimmungen, welche an den Mittelschulen in Uebung sind.

D. Disciplinarordnung für die Zöglinge.

§. 1.

Die Ausübung der Disciplinargewalt steht dem Director und den Professoren zu. Sie äussert sich in der Anordnung und Vollziehung derjenigen Massregeln, welche geboten erscheinen, um Achtung vor dem Gesetze, Anstand, Sitte und Ordnung an dieser Schule aufrecht zu erhalten und die Ehre und Würde derselben zu wahren.

§. 2.

Die Studirenden sind zur Befolgung der Schulgesetze oder besonderer Anordnungen des Directors und der Professoren, sowie zu einem anständigen Benehmen gegen ihre Vorgesetzten und unter einander verpflichtet. Wer sich dagegen durch unanständiges Betragen, durch unsittliche und Aergerniss gebende Handlungen oder durch beharrlichen Unfleiss und durch nicht gerechtfertigte Schulversäumniss vergeht, wer Beleidigungen gegen die Vorgesetzten, gegen Lehrer, auch gegen seine Collegen oder gegen Diener in der Ausübung ihres Dienstes sich erlaubt, wer sich der Störung des Unterrichtes, der Ruhe und Ordnung schuldig macht, wird zur Verantwortung gezogen.

§. 3.

Die Studirenden der Kunstgewerbeschule unterstehen ihren bürgerlichen Verhältnissen und ihren bürgerlich strafbaren Handlungen nach den allgemeinen Gesetzen und Behörden.

Letztere erstatten bei vorkommenden Untersuchungen und Entscheidungen hierüber Anzeige an den Director, welcher im Einverständnisse mit dem Professoren-Collegium je nach dem schädlichen Einflusse, welchen die strafbare Handlung vielleicht auf die Ordnung oder die Ehre der Anstalt ausgeübt hat, über den Schuldigen eine entsprechende Disciplinarstrafe verhängt.

§. 4.

Die Arten der Ahndung disciplinarer Vergehen nach Maass der Grösse und Wiederholung derselben sind:

1. Ermahnung und Verwarnung durch den Director, nach seinem Ermessen auch vor dem Lehrkörper;
2. Rüge durch denselben mit der Drohung, dass im Falle einer wiederholten, wenn auch geringen Straffälligkeit die Verweisung von der Schule erfolgen werde;
3. die Wegweisung von der Kunstgewerbeschule auf eine bestimmte Zeit;
4. die Wegweisung für immer.

§. 5.

Bei Beleidigungen hat die Abbitte niemals zu unterbleiben, die Verweigerung derselben zieht den nächst schärferen Strafgrad nach sich.

§. 6.

Die gegen die Zöglinge der Kunstgewerbeschule in Anwendung gebrachten Disciplinarstrafen sind in steter Evidenz zu halten.

§. 7.

Die Zöglinge der Kunstgewerbeschule sind keine Corporation, sie können daher weder Versammlungen halten, noch Geschäftsführer oder Repräsentanten haben, noch sonst eine nur Corporationen zukommende Function ausüben.

§. 8.

Sämmtliche Studirende an dieser Schule sind zu regelmässigem Besuche der Vorlesungen und Uebungsstunden verpflichtet und haben alle von den Professoren und Docenten angeordneten Arbeiten auszuführen.

Wer durch Krankheit oder andere Umstände zu einer Versäumniss veranlasst wird, hat den betreffenden Professoren oder Docenten sogleich unter Angabe der Gründe hierüber die schriftliche Anzeige zu erstatten und beim Wiedererscheinen sich zu melden, sowie auf Verlangen den Nachweis jener Gründe zu liefern.

Wer diese Anordnung ausser Acht lässt, wird als nicht entschuldigt angesehen.

Wer dreimal hintereinander ohne Meldung und Entschuldigung von der Schule ausbleibt, verliert das Recht, länger dieselbe besuchen zu können.

§. 9.

Wohnungsveränderungen der Studirenden sind ohne Verzug dem Director der Kunstgewerbeschule anzuzeigen.

§. 10.

Die Räumlichkeiten der Schule, die Lehrmittel, Einrichtungsstücke u. s. w. sind sorgfältig zu schonen; für Beschädigungen hat der Schuldige Ersatz zu leisten, und kann derselbe noch einer besonderen Ahndung unterzogen werden. Zu dieser Ersatzpflicht können, im Falle der Beschädiger nicht ermittelt wird, alle Schüler der betreffenden Abtheilung verhalten werden.

§. 11.

Das Tabakrauchen in den Räumlichkeiten der Schule ist nicht gestattet.

§. 12.

Nach Beginn der Vorlesung wird der Saal geschlossen, später Kommende finden keinen Einlass mehr. Nach Beginn des Actzeichnens und des Curses für plastische Gegenstände der Vorbereitungsschule wird der Zeichensaal geschlossen.

Später Kommende können erst in der Zwischenstunde in den Saal eintreten.

Nach beendigter Unterrichtszeit werden sämmtliche Hör- und Arbeitssäle geschlossen und dürfen ausser dieser Zeit nur mit besonderer Erlaubniss benützt werden. Diese ist für Unterrichtszwecke bei dem betreffenden Professor anzusuchen.

§. 13.

Sämmtliche Zöglinge dieser Schule, gleichviel, ob sie ordentliche oder Hospitanten sind, unterstehen der Disciplinarordnung.

Curs für Zeichenlehrer

an der

Kunstgewerbeschule des Oesterreichischen Museums.

§. 1.

Für Diejenigen, welche sich zu Lehrern oder Lehrerinnen im Zeichenfache für Mittel- oder Gewerbeschulen auszubilden die Absicht haben, wird an der Kunstgewerbeschule des k. k. Oesterr. Museums für Kunst und Industrie vom Schuljahre 1872/73 angefangen ein Specialcurs eröffnet, dessen Dauer in der Regel auf drei Jahre festgestellt wird.

§. 2.

Zum Eintritt in diesen Specialcurs werden, entsprechend den §§. 13 und 14 des Statuts der Kunstgewerbeschule, erfordert:

1. das vollendete 16. Lebensjahr;
2. der Nachweis über die beendeten Studien eines Untergymnasiums, einer Unterrealschule oder einer vollständigen Bürgerschule;

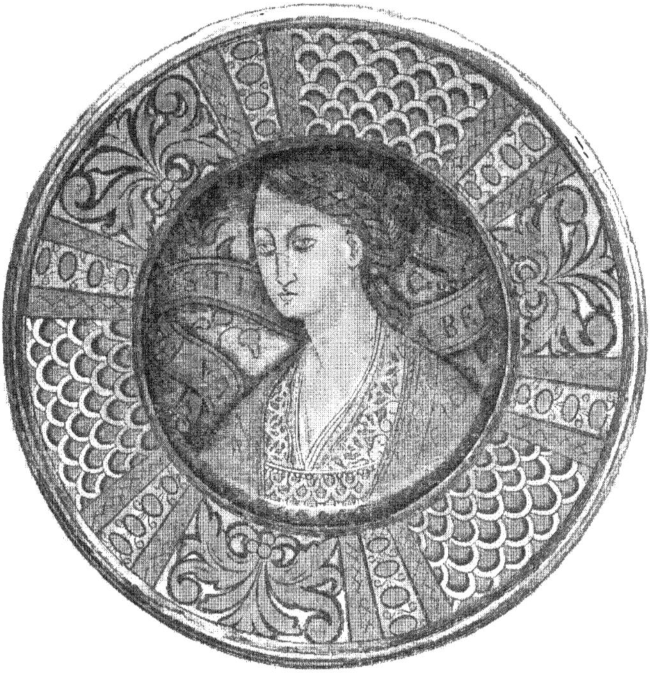

3. der Nachweis über einen Grad der Zeichenfertigkeit, welcher mit Sicherheit annehmen lässt, dass der Candidat nach einem dreijährigen Besuche die Befähigung zum Lehrfache erlangen wird.

Sollten dem Candidaten die Belege für den Nachweis dieser Vorbedingungen fehlen, so hat derselbe in einer Aufnahmsprüfung darzuthun, dass er sich mindestens jene Kenntnisse erworben hat, welche in einer vollständigen Bürgerschule erworben werden.

§. 3.

Der Candidat hat während dieses dreijährigen Curses sich eigen zu machen:

1. die entsprechende Fertigkeit im figuralen und im Zeichnen plastischer und polychromer Flachornamente;
2. hat derselbe folgende Curse durchzumachen, und zwar:
   a) den Jahrescurs über Stillehre mit den entsprechenden Zeichenübungen;
   b) über die Elemente der Projections- und Schattenlehre und Perspective mit den entsprechenden Zeichenübungen, falls sich der Candidat nicht ein oder das andere dieser Fächer vor seinem Eintritte eigen gemacht hat;
   c) den Jahrescurs über Farbenlehre;
   d) den halbjährigen Curs über Anatomie, und
   e) den ganzjährigen Curs über Kunstgeschichte.

§. 4.

Die Curse *a*) und *b*) sind im ersten Jahre zu absolviren, die anderen im zweiten und dritten Jahre.

§. 5.

Nach Vollendung eines jeden dieser Curse hat der Candidat in Gegenwart des Directors der Kunstgewerbeschule, des Fachlehrers und eines Mitgliedes des Aufsichtsrathes eine Prüfung abzulegen, in welcher er nachzuweisen hat:

a) in Beziehung auf Stillehre ein Wissen, welches eine genaue Kenntniss von Wilhelm Lübke's „Leitfaden für den Unterricht in der Kunstgeschichte" und Bruno Bucher's „Kunst im Handwerk" zeigt,

b) ein Wissen, welches die vollständige Kenntniss der Perspective von Guido Schreiber und die dieser entsprechende Fertigkeit im Zeichnen sicherstellt.

Aus den Gegenständen der im §. 3 sub *c*), *d*) und *e*) aufgeführten Curse ist eine Prüfung abzulegen, welche darzuthun hat, dass der Candidat sich die in den Lehrvorträgen enthaltene Materie vollständig eigen gemacht hat.

§. 6.

Sollte sich zeigen, dass bei einem Candidaten ein dreijähriger Curs nicht ausreicht, diesen Anforderungen zu genügen, so ist derselbe berechtigt, noch ein viertes Jahr an diesem Specialcurse zuzubringen.

§. 7.

Vor dem Austritte aus dem Specialcurse hat der Candidat sich einer Abgangsprüfung zu unterziehen. Dieselbe besteht aus Aufgaben, die auf den verschiedenen Gebieten des technischen und ornamentalen Zeichnens gestellt werden und deren Durchführung in Form einer Clausurarbeit geschieht.

§. 8.

Als Abgangszeugniss erhält der Candidat ein motivirtes Zeugniss über die an der Anstalt erreichten Erfolge.

§. 9.

Jene Candidaten, welche nicht den regelmässigen dreijährigen Curs, sondern zur Ergänzung ihres bereits erlangten Wissens und Könnens nur einzelne Abtheilungen desselben zu besuchen beabsichtigen, können als ausserordentliche Hörer aufgenommen und zur Ablegung einzelner der im §. 5 aufgeführten Prüfungen, sowie der in §. 7 erwähnten Abgangsprüfung zugelassen werden.

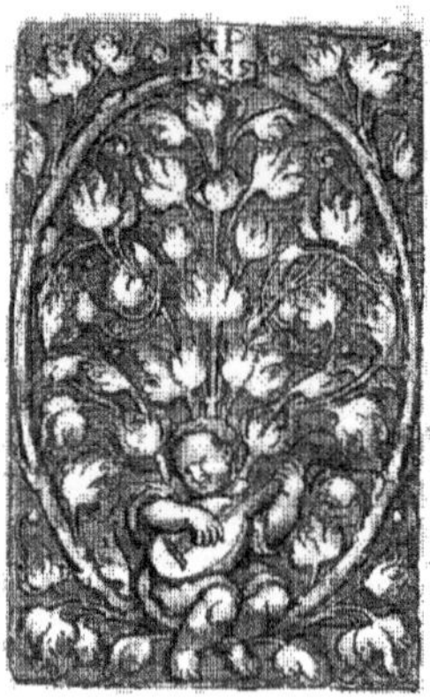

Recht erfreulich machte sich das stete Wachsen des Verständnisses für die Aufgaben der Kunstgewerbeschule in immer weiteren Kreisen bemerkbar. Wenn sich viele Grossindustrielle anfangs der neuen Anstalt gegenüber zuwartend und spröde verhalten hatten, so sahen sie sich bald durch deren unleugbare Erfolge veranlasst, ihre Söhne, Zeichner, Modelleure in die Schule zu schicken, deren absolvirten Zöglingen stets sofort Stellungen in hervorragenden Etablissements angetragen werden.

Zumal seit der österreichischen Kunstgewerbe-Ausstellung zur Eröffnung des Museums, auf welcher Arbeiten von Lehrern und Schülern der Anstalt, vor Allem die im Auftrage Sr. Majestät des Kaisers ausgeführten, sich des allgemeinen Beifalles zu erfreuen hatten, sind die Beziehungen zwischen der Industrie und der Kunstgewerbeschule die lebhaftesten geworden. Die Professoren sind ausser Stande, allen Wünschen nach Entwürfen zu Arbeiten in Glas, Thon, Metall, Holz, zu Geweben, zu Decorationen u. s. w. nachzukommen und haben nur zu wehren, dass ihre Schüler nicht vorzeitig von praktischer Thätigkeit absorbirt werden.

In höchst anregender Weise wirkt ferner Professor *Teirich* durch die Herausgabe der Monatsschrift „Blätter für Kunstgewerbe", welche, gegenwärtig im zweiten Jahrgange, bei R. v. Waldheim in Wien erscheint.

Selbstverständlich ist auch seitens der Weltausstellung die Schule vielfältig in Anspruch genommen worden. So wurde Professor *Storck* mit der inneren Decorirung des Ausstellungsgebäudes betraut, verzichtete jedoch aus principiellen Gründen auf die Durchführung derselben; die ausgeführte Decoration stimmt auch nur theilweis mit seinen Entwürfen überein. Ebenderselbe leitete auch die innere Ausstattung und Ausschmückung des Hofpavillons auf dem Weltausstellungsplatze. Von Professor *Laufberger* sind die Compositionen zu den Mosaik- und Glasgemälden und den Victorien im Ausstellungspalaste, die Skizze zu der Gruppe des Atlas über dem Portal u. a. m. Professor *Sturm* betheiligte sich in hervorragender Weise an den Entwürfen für die Decorirung des Hofsalons.

Weiteres über die Thätigkeit der Angehörigen der Kunstgewerbeschule bei Gelegenheit der Weltausstellung enthält der dritte Abschnitt dieser Schrift.

ANHANG.

STATUTEN

für die

Gesellschaft zur Förderung der Kunstgewerbeschule

des

k. k. Museums.

I. Zweck und Wirksamkeit der Gesellschaft.

§. 1.

Die Gesellschaft zur Beförderung der Kunstgewerbeschule des Museums hat, wie ihr Name es ausspricht, zum Zwecke, die mit dem k. k. Oesterreichischen Museum für Kunst und Industrie in Verbindung stehende Kunstgewerbeschule in der Erreichung ihrer statutenmässigen Bestimmung in der Heranbildung tüchtiger Kräfte für die Bedürfnisse der Kunstindustrie zu unterstützen und die zu diesem Zwecke nöthigen Fonds herbeizuschaffen.

§. 2.

Die Form der Unterstützung wird der Regel nach

a) in Schulstipendien,

b) in Reisestipendien,

c) in Aufträgen an hervorragende Zöglinge der Anstalt, und in Beiträgen zur Anfertigung kunstindustrieller Gegenstände

bestehen.

Die Verwendungsmodalität in jedem einzelnen Falle wird unter Berücksichtigung der Anträge des Lehrkörpers vom Aufsichtsrathe der Kunstgewerbeschule bestimmt werden.

II. Bildung der Gesellschaft; Rechte und Pflichten der Mitglieder.

§. 3.

Die Mitglieder des Vereines sind entweder

a) Gründer, oder

b) unterstützende Mitglieder.

Gründer wird man durch einmalige Leistung eines Betrages von mindestens 100 fl.; unterstützendes Mitglied durch eine Jahresleistung von 5 fl. Auch Corporationen und andere moralische Personen können der Gesellschaft, sei es als Gründer oder als unterstützende Mitglieder, beitreten.

§. 4.

Die Rechte der Mitglieder der Gesellschaft sind folgende:

a) Sie haben allein das Recht, bei der Wahl des Gesellschaftsausschusses mitzuwirken und in denselben gewählt zu werden;

b) durch ein Uebereinkommen mit dem Aufsichtsrathe der Kunstgewerbeschule und der Direction des Museums wird ihnen der freie Eintritt zu den von der Kunstgewerbeschule statutenmässig veranstalteten Ausstellungen der Schülerarbeiten und den Ausstellungen der aus den Mitteln der Gesellschaft angefertigten Werke im Museum gesichert werden;

c) sie haben das Recht, selbstständig die Gesellschaft betreffende Vorschläge an den Ausschuss zu richten;

d) ihre Namen werden von Zeit zu Zeit durch besondere Verzeichnisse kundgemacht;

e) sie erhalten als Bestätigung des Eintrittes ein Diplom.

Die Ausübung dieser Rechte ist an die bereits vollzogene Leistung der laufenden Einlagen gebunden.

§. 5.

Die Generalversammlung aller Gesellschafts-Mitglieder wird jährlich einmal zur Entgegennahme des Rechenschaftsberichtes und zur Wahl der Ersatzmänner für die ausgeschiedenen Ausschussmitglieder einberufen. (Vergl. §§. 8, 10 und 15.)

§. 6.

Jedem unterstützenden Mitgliede steht es frei, sich für eine beliebige Anzahl von Einlagen zu verpflichten.

III. Leitung der Gesellschaft.

§. 7.

Die Gesellschaft wird durch einen Ausschuss von 6 Mitgliedern repräsentirt, welche aus den Mitgliedern durch Stimmenmehrheit zu wählen sind.

Der Vorsitzende des Aufsichtsrathes und der Director der Kunstgewerbeschule bilden den ständigen Beirath des Ausschusses. Die Mitglieder des Ausschusses müssen in Wien, als dem Sitze der Gesellschaft, domiciliren.

§. 8.

Alle Jahre scheidet durch das Loos ein Drittheil der Ausschussmitglieder aus und die Ergänzung findet durch Wahl der Gesammtheit der Mitglieder statt. Die Austretenden sind wieder wählbar. Auswärtige Mitglieder können ihr Wahlrecht auch durch Bevollmächtigte oder schriftlich ausüben.

Das Resultat der Wahl ist vom Ausschusse dem Protector der Gesellschaft und dem Publicum zur Kenntniss zu bringen.

§. 9.

Der Ausschuss versammelt sich über Einladung des Präsidenten oder eines gewählten Stellvertreters je nach Bedürfniss. Die Beschlüsse werden durch Stimmenmehrheit gefasst; bei Stimmengleichheit entscheidet der Vorsitzende. Die Anwesenheit von drei Ausschussmitgliedern ist zur Giltigkeit des Beschlusses genügend.

§. 10.

Der Wirkungskreis des Ausschusses besteht in Folgendem:

1. Er nimmt vom Zeitpunkte seiner Constituirung an alle Beitrittserklärungen zur Gesellschaft entgegen;
2. er verwaltet das Vermögen der Gesellschaft und bestimmt die jährlich zur Verwendung gelangenden Beträge;
3. er hat die aus den Mitteln der Gesellschaft angefertigten Werke zu übernehmen, dafür zu sorgen, dass dieselben in den Localitäten des k. k. Museums für Kunst und Industrie ausgestellt und ihrer Bestimmung zugeführt werden;
4. er hat über alle anderweitigen Gesellschaftsangelegenheiten, soweit die eigenen Wahrnehmungen der Ausschussmitglieder, oder Anträge, welche aus der Mitte der Gesellschaft oder vom Lehrkörper und Aufsichtsrathe der Kunstgewerbeschule hiezu einen Anlass geben, und insbesondere über allfällige Veränderungen der Statuten zu berathen;
5. er hat endlich der Generalversammlung über die Verwendung des Gesellschaftsvermögens alljährlich Rechnung zu legen. Das Resultat dieser Rechnung wird öffentlich bekannt gemacht.

§. 11.

An der Spitze des Vereins steht als Protector Se. Durchlaucht Fürst Richard *Metternich-Winneburg*. Derselbe präsidirt den Sitzungen des Ausschusses und der Generalversammlung. Zu seiner Vertretung wählt der Ausschuss aus seiner Mitte einen Vorstand, welcher in Abwesenheit des Protectors die Verhandlungen leitet und die Gesellschaft nach Aussen vertritt. Die übrigen Mitglieder theilen sich in die Functionen des Secretärs, des Cassiers, des Controlors etc.

IV. Gebahrung mit den Mitteln der Gesellschaft.

§. 12.

Die Einnahmen der Gesellschaft bestehen:

a) Aus den Einzahlungen der neu eintretenden Gründer;

b) aus den Jahresbeiträgen der unterstützenden Mitglieder;
c) aus den Zinsen der gemachten Anlagen;
d) aus dem allfallsigen Erlöse der über Bestellung der Gesellschaft angefertigten Gegenstände;
e) aus anderen zufälligen Einnahmen; endlich
f) aus besonderen Stiftungen.

Bei diesen besonderen Stiftungen, welche aus einzelnen Kronländern oder von Corporationen aus den Kronländern herrühren, kann die Bestimmung getroffen werden, dass sie nur für Angehörige der betreffenden Länder verwendet werden.

§. 13.

Die jährlich zur Verwendung kommenden Beträge bestimmt nach dem Stande des Gesellschaftsvermögens der Ausschuss (§. 10). Ueber ihre Ver-

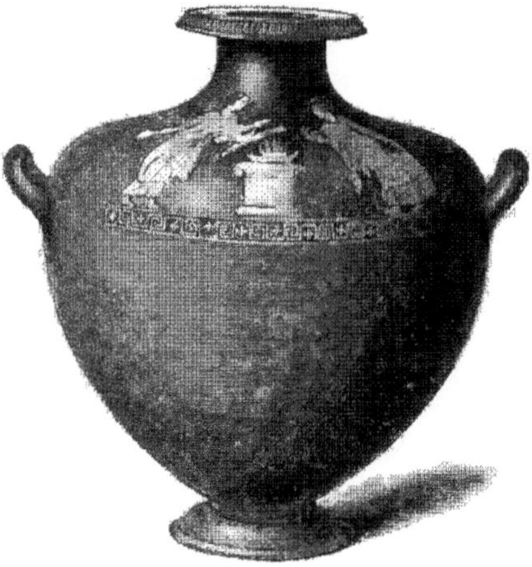

wendung entscheidet der Aufsichtsrath der Kunstgewerbeschule, mit Berücksichtigung der ihm von dem Lehrkörper vorgelegten Anträge und von dem Ausschusse gemachten Vorschläge.

§. 14.

Das Gesellschaftsjahr fällt mit dem Kalenderjahr zusammen. Die Einzahlung ist im ersten Quartale jeden Jahres zu leisten.

V. Dauer und Auflösung der Gesellschaft.

§. 15.

Die Auflösung der Gesellschaft kann nur in einer Generalversammlung durch Beschluss von drei Viertheilen der Abstimmenden stattfinden. In diesem Falle wird das vorhandene Vermögen dem Aufsichtsrathe der Kunstgewerbeschule zur Stiftung von Stipendien oder anderweitigen Unterstützungen übergeben.

Zur Abänderung der Statuten ist die Zustimmung von zwei Drittheilen der ordentlichen Mitglieder erforderlich, welche bei einer zu diesem Zwecke einberufenen Generalversammlung erscheinen.

Uebergangs-Bestimmungen.

Die Bildung der Gesellschaft wird durch einen Aufruf eingeleitet, welcher von dem Protector derselben oder in seinem Namen im In- und Auslande verbreitet wird.

Die Anmeldungen zum Beitritt sind vorläufig an den Aufsichtsrath der Kunstgewerbeschule (Oesterreich. Museum in Wien) zu richten, welcher bis zur Wahl eines Gesellschaftsausschusses provisorisch dessen Functionen ausübt.

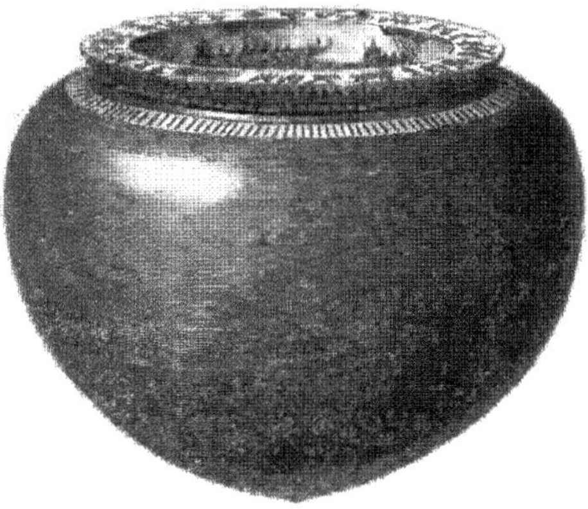

BETHEILIGUNG

AN DER

WELTAUSSTELLUNG.

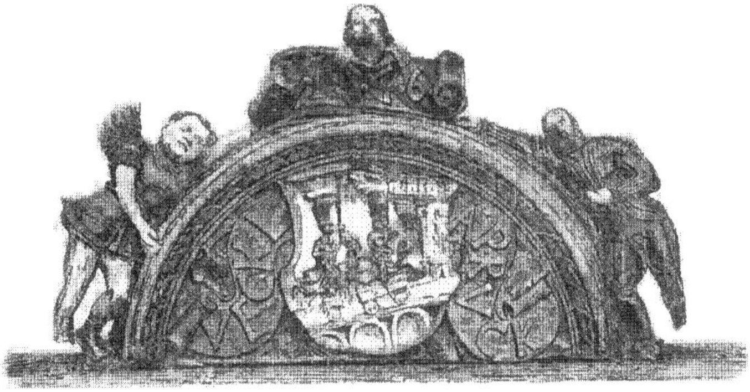

Für die Ausstellung im Saale VI des Museumsgebäudes war die Absicht massgebend, die Thätigkeit und die Leistungen des Museums und der Kunstgewerbeschule darzustellen. Dieselbe umfasst demnach die literarisch-artistischen Publicationen des Museums und eine Auswahl von Zeichnungen nach älteren kunstgewerblichen Arbeiten, von Gypsabgüssen, galvanoplastischen Nachbildungen und Photographien aus den Ateliers des Museums, ferner Schülerarbeiten und zwar sowohl eigene Entwürfe und ausgeführte Arbeiten als Copien nach der Natur und nach Vorlagen.

A. Oesterreichisches Museum.

I. Literarisch-artistische Publicationen.

Mittheilungen des k. k. Oesterr. Museums für Kunst und Industrie. (Monatschrift für Kunst und Kunstgewerbe.) Redacteur von 1865—1868 Dr. G. Thaa, seit 1869 B. Bucher. Monatlich ein Heft von 1—1½ Bogen. Pränumerationspreis 4 fl. Oe. W. (C. Gerold's Sohn.)

Die burgundischen Gewänder der k. k. Schatzkammer. Messornat für den Orden vom goldenen Vliess. 12 Bl. Photogr. mit Text. Folio. Selbstverlag des Museums. Preis 20 fl. Oe. W.

Umrisse antiker Thongefässe zum Studium und zur Nachbildung für die Kunstindustrie, sowie für Schulen. 20 Blätter (Autographien) mit Text. Folio. Selbstverlag. Preis 3 fl. Oe. W.

Ornamente antiker Thongefässe (wie oben). Preis 5 fl. Oe. W.

Hans Sibmacher's *Stick- und Spitzen-Musterbuch*. Nach der Ausgabe vom Jahre 1597 in facsimilirten Copien herausgegeben. Preis 4 fl. Oe. W. (C. Gerold's Sohn.)

J. Falke: *Die Kunstindustrie auf der Ausstellung in Dublin 1865*. (Selbstverlag.)

— *Geschichte der k. Porzellanfabrik in Wien*. Vortrag, gehalten im Museum 1867. (Selbstverlag.)

Prof. E. Süss: *Ueber Baugesteine*. Zwei Vorträge, gehalten 1867. (Selbstverlag.)

Die byzantinischen Buchdeckel der Marcuskirche in Venedig. Photographien mit Text von J. Falke. Folio. (Selbstverlag.) Preis 20 fl. Oe. W.

Die Kunstgewerbeschule des Museums, enthaltend Statuten, Lehrplan u. s. w. Wien, 1868. (Selbstverlag.)

Prof. J. Glaser: *Das geistige Eigenthum mit Rücksicht auf die Kunst*. 1868. (Selbstverlag.)

Die Gesellschaft zur Förderung der Kunstgewerbeschule des Oesterr. Museums. 1869. (Selbstverlag.)

Katalog der Bibliothek des Oesterr. Museums. Wien, 1869. 280 S. gr. 8. (Selbstverlag.) Preis 1 fl. Oe. W.

Ottavio Strada's *Entwürfe für Prachtgefässe in Silber und Gold*. Gezeichn. für Kaiser Rudolf II. Facsimilirt. Preis 7 fl. 50 kr. Oe. W. (Beck'sche Univ.-Buchhandlung, A. Hölder.)

Ornamente aus der Blüthezeit italien. Renaissance (Intarsien). Original-Aufnahmen von Val. Teirich. 5 Lieferungen mit Text, 22 fl. Oe. W. (Beck'sche Univ.-Buchhandlung, A. Hölder.)

Friedr. Lippmann: *Eine Studie über chinesische Emailvasen*. 1870. (L. Rosner.)

Dir. v. Eitelberger: *Die österr. Industrie und die heutige Weltlage*. Vortrag, gehalten im Museum 1870. (Braumüller, 1870.) Preis 60 kr.

Fr. Schmidt: *Die Restauration der Stephanskirche in Wien*. Vortrag, gehalten im Museum 1871. (Selbstverlag.)

Ueber keramische Decoration und Emaillage. Zwei Abhandlungen von Salvétat, aus dem Französ. übersetzt. (W. Braumüller.) 1871.

Trachtenbilder von Albrecht Dürer aus der Albertina. 6 Blätter in Farben-Holzschnittdruck ausgeführt von F. W. Bader in Wien. (W. Braumüller.) 1871, Preis 6 fl. Oe. W.

Illustrirter Katalog der Ornamentstichsammlung des Oesterr. Museums. Von F. Schestag. (Selbstverlag.) 1871. Preis 5 fl. Oe. W.

Heinr. v. Ferstel: *Museum für Kunst und Industrie* (Grundrisse, Pläne und Details). 1871. (R. v. Waldheim.)

Die Ausstellung österreichischer Kunstgewerbe, 4. Nov. 1871 bis 4. Februar 1872. Fachmännische Berichte. 1872. (C. Gerold's Sohn.)

Revidirte Schulordnung und Lehrplan der Kunstgewerbeschule. 1872. (Selbstverlag.)

Em. Drahan: *Stickmuster.* Mit Unterstützung des hohen k. k. Ministeriums für Unterricht und mit Benützung der besten Vorbilder entworfen. 6 Hefte. 1873. (Hartinger & Sohn.)

Quellenschriften für Kunstgeschichte und Kunsttechnik des Mittelalters und der Renaissance, mit Unterstützung des k. k. Ministeriums für Cultus und Unterricht herausgegeben von R. v. Eitelberger. (W. Braumüller.)

1. „Tractat über Malerei" („Das Buch von der Kunst") des Cennino Cennini. Uebersetzt, mit Einleitung und Noten versehen von A. Ilg. Preis 1 fl. 20 kr. Oe. W.
2. „Aretino oder Dialog über Malerei" von Lud. Dolce, übersetzt von Caj. Cerri, mit Noten und Einleitung von R. v. E. Preis 1 fl. Oe. W.
3. Briefe, Tagebücher und Reime A. Dürer's, übersetzt und erläutert von Dr. M. Thausing. Preis 1 fl. 50 kr. Oe. W.
4. Heraclius, von den Farben und Künsten der Römer, übersetzt und commentirt von A. Ilg. Preis 1 fl. 20 kr. Oe. W.

Jac. Falke: *Geschichte des modernen Geschmackes.* (Leipzig, Weigel.) 1868.

— — *Die Kunstindustrie der Gegenwart.* Studien auf der Pariser Weltausstellung im Jahre 1867. (Leipzig, Quandt & Händel.) 1868.

— — *Die Kunst im Hause.* 2. Aufl. 1873. (C. Gerold's Sohn.)

B. Bucher: *Die Kunst im Handwerk.* Vademecum für Besucher kunstgewerblicher Museen und Ausstellungen. (W. Braumüller.) Preis 1 fl. 50 kr. Oe. W.

Blätter für Kunstgewerbe. Monatschrift, herausgegeben und redigirt von Val. Teirich. Preis per Heft 75 kr. Oe. W. (R. v. Waldheim.)

II. Zeichnungen nach älteren kunstgewerblichen Arbeiten von Storck, Teirich, Sitte, Salb u. A.

III. Gypsabgüsse.

(Die vorgedruckten Nummern sind die des Gypskatalogs.)

1. Deckel eines Kästchens in geschnittenem Leder, 1460, 16½" breit, 13" hoch. fl. —.75.

2. Allegorie, Relief in Holz, von L. v. Leyden, 1524, 4½" hoch, 2" breit. fl. —.25.

3. St. Peter und Paul, Relief in Holz, 1522, 5" hoch, 3" breit. fl. —.25.

4. Elfenbein-Diptychon mit den heil. 3 Königen und Christus am Kreuze, 14. Jahrh. 6" hoch, 8" breit. (Orig. im Stift Kremsmünster.) fl. 2.

5. Elfenbein-Diptychon mit der Verkündigung, Geburt, dem letzten Abendmahl und der Gefangennehmung Christi, 14. Jahrh. 6" hoch, 7" breit. fl. 1·25.

6. Elfenbein-Diptychon: Herr und Dame auf die Jagd reitend und dieselben Schach spielend, 14. Jahrh. 3½" hoch, 4½" breit. (Im Besitze des Grafen Erwin Nostiz.) fl. —.65.

7. Elfenbeinkästchen, arabisch, 12. oder 13. Jahrh. 10" lang, 5" breit, 3" tief. (Stift Klosterneuburg.) fl. 6.

8. Trinkkanne von Elfenbein mit bacchantischen Scenen. 17. Jahrh. 11" hoch. fl. 5.50.

9. Elfenbeinkanne mit allegorischen Frauengestalten. 17. Jahrh. 11" hoch. fl. 6.—

10. Schild in Eisen getrieben mit dem Urtheile des Paris, 17. Jahrh. Anfg. 23" Durchmesser. fl. 3.75.

11. Degengriff in Eisen geschnitten, 17. Jahrh. 6" hoch, 3½" breit. (Herdtel'sche Sammlung.) fl. 3.75.

12. Thürklopfer von Bronze, von Joh. v. Bologna. 16. Jahrh. 15" hoch, 11" breit. fl. 5.

13. Reliquiarium von vergold. Silber in Form einer Tafel, mit freien Figuren in architektonischer Einfassung. 14. Jahrh. 15" hoch, 10" breit. (Stift St. Paul in Kärnten.) fl. 8.50.

14. Kästchen von Leder mit silbervergold. Beschlägen, 15. Jahrh. 4" lang, 2½" breit. fl. 4.

15. Medaillon: Maria von Engeln umgeben, Florentiner Arbeit 15. Jahrh. 6½" Durchmesser fl. —.40.

16. Medaillon mit der Reiterfigur des Herzogs Friedr. Wilhelm von Sachsen. 1586, 3" Durchmesser. fl. —.25.

17. Medaille auf die Befreiung Wien's von den Türken, 1683. 5" Durchmesser. Stirnseite mit Brustbild Kaiser Leopold I. fl. —.40.

18. Kehrseite dieser Medaille, mit kais. Wappen. fl. —.40.

25. Elfenbeintäfelchen (Buchdeckel) mit einem Kirchenlehrer und architektonischem Beiwerk. 10. Jahrh. 11" hoch, 6½" breit. (K. k. Hofbibliothek.) fl. —.80.

26. Buchdeckel, in Leder geschnitten mit Messingbeschlägen. 15. Jahrh. Ende. 15" hoch, 11" breit. Vorderseite: 3 Nürnberger Familienwappen. (K. k. Hofbibliothek.) fl. 1.

27. Rückseite dieses Buchdeckels: Hirsch und Löwe in Ornamentranken. fl. 1.

28. Relief in Kehlheimerstein mit der heil. Familie in architektonischer Umgebung, von Hans Dollinger, 1517, 15" hoch, 11" breit. (Geistliche Schatzkammer des a. h. Hofes.) fl. 2.50.

34. Reliquiarium von Elfenbein mit 8 Darstellungen aus dem Leben Christi. 11. Jahrh. 8½" hoch, 7" breit. (Domschatz in Agram.) fl. 2.

36. Kelch von vergold. Silber. 15 Jahrh. Ende. 8½" hoch. (Domschatz in Pressburg.) fl. 2.50.

37. Helm Kaiser Karl's V. mit Darstellungen aus der Aeneide und Ornamenten in Eisen getrieben. 13" hoch. (Schatzkammer in Laxenburg.) fl. 5.

38. Relief von Silber mit der Geisselung Christi. Bezeichnet: Op. Moderni. Ital. 16. Jahrh. 6" hoch, 4½" breit. (Schatzkammer in Laxenburg.) fl. —.80.

39. Relief von Silber: Die thronende Madonna. Seitenstück zum Vorigen. fl. —.80.

40. Seitentheil eines Steigbügels von Bronze mit Grotesken-Ornament, 16. Jahrh. 6" hoch. (K. k. Arsenal in Wien.) fl. —.80.

41. Schale von Gold, getrieben, 9. Jahrh. 5" Durchmesser. (K. k. Schatzkammer.) fl. —.80.

61. Bärtiger Mann. Porträtbüste um 1600. 24" hoch. (Original in Terracotta.) fl. 4.50.

62. Buchdeckel. Elfenbeinrelief aus dem 11. Jahrh. 11½" hoch, 7½" breit. fl. 1.

63. Eckbeschlag eines Buchdeckels, Bronze, gothisch, 15. Jahrh. 3" breit. fl. —.20.

64. Mittelbeschlag desselben Buchdeckels, 3½ breit. fl. —.20.

86. Becher mit Deckel aus Elfenbein, Renaissance. (Orig. in Laxenburg.) 12" hoch. fl. 5.

87. Elfenbeinring mit Thierornamenten, aus der Renaissancezeit. 3½" Durchmesser. fl. —.70.

89—92. Aufsteigendes Vasen- und Laubornament im Style des H. Aldegrever vom Jahre 1533 (Füllung von der in Silber getriebenen Scheide eines sächsischen Kurschwertes aus dem Besitze des Fürsten Clary). 6½" hoch, 1½" breit, à fl. —.25.

107. Kanne von Bergkrystall mit eingeschliffenen Ornamenten. Renaissance. 16. Jahrh. 12" hoch. (K. k. Schatzkammer.) fl. 2.

108. Vase von Bergkrystall mit zwei Henkeln und Deckel, mit eingeschliffenen figuralen Ornamenten, Renaissance, 16. Jahrh. 11" hoch. (K. k. Schatzkammer.) fl. 3.50.

112. Schale von Krystall mit 2 Henkeln und eingeschliffenen Scenen aus dem Trojerkrieg, Renaissance, 17. Jahrh. 10" Durchmesser. (K. k. Schatzkammer.) fl. 1.20.

113. Trinkschale von Krystall mit eingeschliffenen Ornamenten, Renaissance, 16. Jahrh. 5" hoch, 6½" Durchmesser. (K. k. Schatzkammer.) fl. 1.

114. Trinkschale von Krystall mit eingeschliffenen figürlichen Scenen von Bacchanten und Tritonen. Renaissance, 16. Jahrh. 5" hoch, 5½" Durchmesser. (K. k. Schatzkammer.) fl. 1.10.

115. Gefäss von Krystall, flaschenartig, mit eingeschliffenen Festons und Figuren. Renaissance, 17. Jahrh. 5" hoch. (K. k. Schatzkammer.) fl. —.60.

116. Gefäss von Krystall, becherartig mit Deckel, mit eingeschliffenen festonartigen Ornamenten. Renaissance, 17. Jahrh. 6" hoch. (K. k. Schatzkammer.) fl. 1.

118. Gefäss von Krystall mit zwei Sirenenhenkeln, rings mit eingeschliffenen Ornamenten bedeckt. Renaissance, 16.—17. Jahrh. 17" hoch. (K. k. Schatzkammer.) fl. 5.

153. Trinkkanne, Original von Elfenbein, basett gedreht; mit Deckel und Henkel, letzterer von Silber. 17. Jahrh. 1. Hälfte, 10" hoch. (K. k. Schatzkammer.) fl. 4.50.

165. Ornamentfries, Original in Holz geschnitzt, ital., modern, 7" hoch, 26" lang. fl. 2.50.

168–171. Ornament, Original in Holz geschnitzt, ital., modern, 7" hoch, 2 1/4" breit, à fl. —.50.

172—179. Ornament, Original in Holz geschnitzt, ital., modern, 2 1/4" hoch, 5 1/4" lang, à fl. —.50.

188. Ornament-Relief, Original in Holz geschnitzt, ital., modern, 20" hoch, oben 8" breit, unten 5" breit. fl. 1.

189. Ornament-Relief, Original in Holz geschnitzt, ital., modern, 20" hoch, oben 8" breit, unten 5" breit. fl. 1.

214. Ornamentirte Eckleiste, früh byzantinisch, 15" lang, 4" breit. fl. —.50.

232. Krystallschale mit eingeschliffenen Ornamenten, 8" Durchm. fl. 1.

233. Trinkgefäss sammt Deckel mit eingeschliffenen Ornamenten, 6" hoch, 4" Durchmesser. fl. 1.50.

234. Krystallgefäss mit eingeschliffenen Ornamenten, 5" hoch, 6" Durchmesser. fl. 1.50.

241. Greif, nach einer antiken Bronze, gefunden in Kärnten, 18" hoch. fl. 5.

242. Thürklopfer, modern, 18" lang, 12" breit. fl. 4.

243. Knabe, Spätrenaissance, Original in Bronze, 5" hoch. fl. —.60.

258. Basrelief, darstellend zwei männliche Brustbilder, italienisch, 1500, 17" hoch, 18" lang. fl. 2.

281. Männl. Torso, Original in Bronze, antik, 9" hoch. fl. —.80.

283. Henkel einer Vase in Bronze mit einem Satyrkopf, antik, Original im Museo nazionale in Neapel, 6" hoch. fl. —.80.

287. Tasche aus geschnittenem Leder, 15. Jahrh. 6" hoch. fl. 2.50.

337. Thürklopfer in Form eines Greifen, ital. Renaissance, 16. Jahrh. 10" hoch. fl. 5.

339. Fruchtschale, Renaissance des 16. Jahrh. Original in Bronze, 6" hoch, 9" Durchm. fl. 4.

367. Henkelkanne, Original antik. Thon. 11" hoch. fl. 1.20.

368. Krug, Orig. in Thon, deutsche Renaissance, 16. Jahrh. 10" hoch. fl. 1.30.

369. dto. dto. dto. 8" hoch. fl. 1.

370. Kanne nach antikem Bronze-Original, am Henkel die Figuren eines Satyrs und einer Harpye, 12" hoch. fl. 3.

372. Hercules mit dem Löwen. Bronzerelief, italienisch, Anfang des 16. Jahrh. Original Eigenthum des Herzogs von Modena.

373. Hercules mit der Hydra; wie 372.

374. Panzer-Bruststück, in Eisen geschnitten; wie 372.

375. Hercules, antike Bronzestatuette. Original Eigenthum des Herrn Franz v. Pulszky.

376. Laufender Knabe.

377. Jupiter.

378. Männliche Figur auf einem Postament.

379. Sitzende Figur, egyptisch, Original Eigenthum wie 375.

380. Katze, wie 379.

381. Wahlurne nebst Schüssel von vergoldetem Silber, Augsburger Arbeit, Ende des 16. Jahrh. Original Eigenthum des Landesausschusses von Kärnten.

IV. Galvanoplastische Nachbildungen unter Leitung von *C. Haas.*

(Die vorgedruckten Nummern sind die des Katalogs.)

4. Flaschenförmiges Gefäss mit symbolischen Figuren und Ornamenten. Persisch-Sassanidisch. Höhe 22 Cm. Orig. in Gold. (K. k. Antikencabinet.) fl. 50.

5. Flaschenförmiges Gefäss mit symbolischen Darstellungen, Kriegern etc. Persisch-Sassanidisch. Höhe 22 Cm. Orig. in Gold. (K. k. Antikencabinet.) fl. 50.

6. Schale mit Henkelschnalle und reicher Ciselirung. Persisch-Sassanidisch Durchm. 14½ Cm. Orig. in Gold. (K. k. Antikencabinet.) fl. 20.

7. Dieselbe, kleinere Form. Durchm. 11¾ Cm. Orig. in Gold. (K. k. Antikencabinet.) fl. 13.20.

8. Kugelförmige Schale mit prachtvollem Ornament, einst mit Glas ausgelegt. Persisch-Sassanidisch. Durchm. 8½ Cm. Orig. in Gold. (K. k. Antikencabinet.) fl. 30.

9. Ovale Schale mit Griff, getrieben und ciselirt. Persisch-Sassanidisch. Länge 18. Cm. Orig. in Gold. (K. k. Antikencabinet.) fl. 20.

10. Trinkgefäss in Stierform auf 3 Füssen. Persisch-Sassanidisch. Länge 12½ Cm. Orig. in Gold. (K. k. Antikencabinet.) fl. 40.

11. Schale, getrieben und ciselirt mit 2 Henkeln. Orientalisch. Durchm. 13 Cm. Orig. in Gold. (K. k. Schatzkammer.) fl. 12.

14. Kleiner Lederkoffer mit Silberbeschlägen. Deutsch. 15. Jahrh. Höhe 5¼ Cm. Länge 10½ Cm. (Abtei St. Peter in Salzburg.) fl. 20.

15. Basrelief, Jungfrau und Heilige, von Moderni. Renaissance. Höhe 14 Cm. Orig. Silber, theilweise vergoldet. (K. k. Kunstsammlung in Laxenburg.) fl. 10.

16. Basrelief, Gegenstück zu Nr. 15. Geisselung Christi, von Moderni. Renaissance. Höhe 14 Cm. Orig. Silber, theilweise vergoldet. (K. k. Kunstsammlung in Laxenburg.) fl. 10.

19. Standuhr von Metzker in Augsburg, 1564, reich verziert. Renaissance. Höhe 29 Cm. Orig. vergold. Bronze. (K. k. Schatzkammer.) fl. 152.

23. Saucière mit dem Imhof'schen Löwen als Henkel sammt Löffel. Renaissance. Länge 21½ Cm., Höhe 10 Cm. Orig. Silber und vergoldet. (Privatbesitz Wien.) fl. 40.

28. Schale, Guss und ciselirt auf ciselirtem Fuss. Renaissance. Durchm. 30 Cm. Orig. Silber und vergoldet. (K. k. Ambrasersammlung.) fl. 30.

36. Basrelief, Christus am Kreuze mit Maria und Johannes. Romanisch Orig. Kupfer und vergoldet. (Abtei St. Peter in Salzburg.) fl. 14.

37. Reiterpistole, ganz mit getriebener Schiftung. 16. Jahrh. Orig. Silber. (K. k. Arsenal.) fl. 80.

38. Salzfass auf 3 Füssen, am Rande mit durchbrochenem Ornament. Renaissance. Orig. Silber vergoldet. (Laxenburg.) fl. 12.

48. Offenes viereckiges Gefäss auf 4 Delphinfüssen; an den Wänden getriebene Darstellungen der Wissenschaften. 17. Jahrh. Orig. Silber vergoldet. (Privatbesitz.) fl. 12.

50. Salzfass, sechsseitig mit gleichem Fuss. 16. Jahrh. Orig. Silber und vergoldet. (Deutscher Ordensschatz.) fl. 20.

V. Photographien
unter Leitung von *L. Angerer.*

(Die Preise der Gypsabgüsse sind in Oesterr. Währung Banknoten, die Preise der galvanoplastischen Reproductionen und der Photographien in Oesterr. Währung Silber verstanden. Gypsabgüsse und Photographien sind von dem Museum selbst, galvanoplastische Arbeiten von Herrn C. Haas, Dreilaufergasse 3, zu beziehen.)

B. Kunstgewerbeschule.

Theils Copien nach der Natur oder nach Vorlagen, theils selbstständige Entwürfe und ausgeführte kunstgewerbliche Gegenstände von jetzigen oder ehemaligen Zöglingen der Anstalt geben eine Vorstellung von dem Gange des Unterrichts und den bisher mit demselben erzielten Erfolgen. Die eingeklammerten Jahreszahlen bezeichnen die Zeit des Eintritts des Betreffenden in die Kunstgewerbeschule.

Fachschule für Baukunst.

(Prof. *Storck*.)

Oscar Beyer, 23 Jahre alt (1868):

Intarsia-Cassette, eigene Erfindung.

Ignaz Bühlmayer, 18 Jahre alt (1868):

Spiegelrahmen, eig. Erf.

Tisch, eig. Erf.

Emanuel Drahan, 23 Jahre alt (1869):

Tischdecke, eig. Erf.

Franz Hubl, 27 Jahre alt (1869):

Ornamentirter Rahmen zu einem Porcellangemälde, eig. Erf. (Vergl. Fachschule für figurales Zeichnen und Malen.)

Franz Michel, 18 Jahre alt (1870):

Schlüsselschrank mit Intarsia, eig. Erf.

Gustav Ritzinger, 16 Jahre alt (1869):

Stahlcassette, eig. Erf.

Wilhelm Schmidt, 30 Jahre alt (1870):

Geschnitzter Eichenholzschrank, eig. Erf. (Vergl. Fachschule für Bildhauerei.)

Andreas Trötscher:

Tisch, eig. Erf.

Theodor Uhl:

Damenschreibtisch, eig. Erf.

Georg Weiss, 18 Jahre alt (1870):

Hölzerne Standuhr, eig. Erf.

Ausserdem:

Zeichnungen und Aufnahmen nach kunstindustriellen Gegenständen von verschiedenen Schülern.

Fachschule für Bildhauerei.

(Prof. *König.*)

Julius Batsche (1870):

Zeichnungen für Krüge in Majolica und Metall, eig. Erf.

Joseph Binder (1871):

Modell zu einem Majolicamedaillon, eig. Erf.

Leopold Bösenbeck (1870):

Modell zu einer silbernen Prunkkanne, in Holz und Wachs ausgeführt, eig. Erf.

Entwurf zu einem Salzfass.

„ „ „ Dolchgriff.

Eduard Frank (1869):

Modell zu einem Majolicakrug, eig. Erf.

„ „ einer Bronzeschale, eig. Erf.

Heinrich Goldmann (1872):

Porträtmedaillon in Wachs nach einer Büste.

Ornament nach gegebenem Motive.

Johann Greil (1872):

Modell für einen steinernen Brunnen, eig. Erf.

Michael Holl (1871):

Relief in Wachs für Elfenbein, eig. Erf.

Modelle in Holz und Wachs für Einzelheiten eines Tafelaufsatzes, eig. Erf.

Josef Krickler (1869):

Modell zu einer Schale, in Holz und Wachs ausgeführt, eig. Erf.

Entwürfe zu einer Schreibtischgarnitur.

August Kühne (1869):

Entwurf zu einem Pocal.

„ „ „ Leuchter.

Figur: Lautenspieler.

Bronzerelief: Der Fortschritt.

Johann Kuschmann (1868—1871):

Modelle in Holz und Wachs für verschiedene kunstgewerbliche Gegenstände, eig. Erf.

Gustav Lind (1871):

Holz- und Wachsmodell für eine Bronzeschale, eig. Erf.
Friesfüllung in Gyps, eig. Erf.

Laurenz Lhotto (1869):

Entwurf zu einer silbernen Schale, eig. Erf.

Rudolf Maier und Stefan Schwarz (1869):

Ciselirungen.

Andreas Neudek (1870):

Medaillen in Metall.

Michael Raimaier (1869):

Modelle zu kunstgewerblichen Gegenständen.

Wilhelm Schmidt (1870):

Zeichnung für einen Tisch, eig. Erf.
Karyatide und verschiedene Entwürfe.

Ludwig Seitz (1868):

Modell einer Bronzeschale, eig. Erf.

Carl Tappeiner (1868):

Modell zu einem Bronzerahmen, eig. Erf.
Entwurf zu einem Brunnen als Tafelaufsatz.

Wilhelm Wehrbach (1871):

Entwurf zu einem metallenen Thürklopfer.

Ausserdem:

Zeichnungen und Modellirungen nach Gyps und dem lebenden Modell von verschiedenen Schülern.

Fachschule für Thier-, Blumen- und Ornamentmalerei.

(Prof. *Sturm*.)

Johann Bettiza, 18 Jahre alt (1871):

Malerei auf Seide für einen Sonnenschirm, eig. Erf.

Carl Hartmann, 21 Jahre alt (1869):

Malerei auf Seide für einen Ofenschirm, eig. Erf.

Johann Jakob, 17 Jahre alt (1871):

Gemalte Porcellanplatte für einen Tisch, eig. Erf.

Wilhelm Reimann (1871):

Stillleben und Naturstudien in Oelfarben.

Adolf Schmidt, 18 Jahre alt (1870):

Gobelinimitation nach dem Original.

Georg Sturm, 18 Jahre alt (1868):

Vorlagen für Glasmalerei nach gegebenen Motiven.

Ausserdem:

Studien nach der Natur und nach Vorlagen von verschiedenen Schülern.

Fachschule für figurales Zeichnen und Malen.

(Prof. *Laufberger.*)

Nicolaus Flatscher, 21 Jahre alt (1870):

Entwurf zu einer Plafonddecoration, eig. Erf.

Franz Hubl, 27 Jahre alt (1869):

8 bemalte Porcellanteller, eig. Erf.

Porcellangemälde, Copie nach Tizian, mit ornamentirtem Rahmen.

Entwürfe für Decorirung von Tellern und Schalen, in Farben ausgeführt.

Hans Macht, Hospitant, 27 Jahre alt.

5 decorirte Platten in der Art des Limousiner Emails, eig. Erf.

2 Köpfe und 1 Medaillon mit Kinderfiguren in derselben Ausführung nach gezeichneten Vorlagen.

Medaillons und Mittelplatte eines Adresseinbandes.

Franz Rottonara, 24 Jahre alt (1869):

Entwurf für eine Sgraffitodecoration, eig. Erf.

Kohlenzeichnung (Carton), eig. Erf.

F. Hubl, H. Macht, F. Rottonara, N. Flatscher, Josef Tapper, 18 Jahre alt (1870), Eduard Pietsch, 20 Jahre alt (1870):

6 Compositionsskizzen nach einer gegebenen Aufgabe.

Ausserdem:

Zeichnungen und Malereien nach der Antike, nach dem lebenden Modell, nach plastischen Ornamenten, nach Gewändern etc. von verschiedenen Schülern.

Vorbereitungsschule.

Abtheilung für figurales Zeichnen.

(Prof. *Rieser.*)

Zeichnungen nach Gypsmodellen von verschiedenen Schülern und Schülerinnen.

Abtheilung für ornamentales Zeichnen.

(Prof. *Teirich.*)

Marianne Fürst (1870):

Tischteppich in Applicationsstickerei, eig. Erf.

Marie Ritter (1869):

Holzmalereien und Entwürfe für Glasornamente, eig. Erf.

Ferner:

Zeichnungen nach Gypsvorlagen, textilen und keramischen Objecten von verschiedenen Schülern und Schülerinnen.

Endlich:

Schülerarbeiten zur Veranschaulichung des Lehrganges in der Stillehre (Docent *Hauser*), der Perspective, Projectionslehre und Schattenconstruction (Docent *Beyer*), der Anatomie (Docent Dr. *Frisch*).

Im Anschlusse hieran geben wir eine — nicht auf Vollständigkeit Anspruch machende — Uebersicht von Arbeiten, welche von Lehrern und Schülern der Kunstgewerbeschule für Industrielle geliefert wurden und in der Weltausstellung ihren Platz gefunden haben.

Professor Storck, von welchem, wie früher erwähnt, die nachträglich abgeänderten Entwürfe für die Decorirung des Industriepalastes herrühren und der die innere Ausstattung der Salons Ihrer Majestäten in dem Hofpavillon geleitet hat, lieferte neben vielen anderen die Zeichnungen zu

dem Trink- und Dessertservice für den a. h. Hof
opaken Toilettegläsern
Kron-, Arm- und Wandleuchtern
Vasen, Trinkgefässen etc. in dunkelgrünem Glase mit Gold und Email
einem gravirten Glasrahmen
— Ausstellung von *J. & L. Lobmeyr* in Wien.

dem Tafelaufsatz für den a. h. Hof — Ausstellung von *Dziedzinski & Hanusch* in Wien.

der Tischdecke für den a. h. Hof
Möbel- und Vorhängstoffen
— Ausstellung von *Aug. Küfferle* in Wien.

dem Schmuckschrank für den a. h. Hof — ausgestellt von *Franz Michl* in Wien.

Teppichen, Möbelstoffen etc. — Ausstellung von *Ph. Haas & Söhne* in Wien.

Von Professor Laufberger sind die Vorlagen für die Glasgemälde über dem Haupteingange und zwei Medaillons auf der Rückseite der Industriehalle, ferner für die in Mosaik ausgeführte Minerva in der Kunsthalle. Für *J. & L. Lobmeyr* hat er Zeichnungen zu Gravirungen auf Krystallglas geliefert.

Professor Teirich:

Tafelaufsatz in Silber — Ausstellung von *Meyer's Söhne* in Wien.

Gravirte und gemalte Glasgefässe — Ausstellung von *Stölzle's Söhne* in Wien.

Clavier — Ausstellung von *E. Streicher* in Wien.

Bronzen und Ledergalanteriewaaren — Ausstellung von *M. Klein* in Wien.

Beleuchtungsgegenstände für Gas — Ausstellung von *Hörner & Dantine* in Wien.

Bronzen — Ausstellung von *C. Kellermann* in Wien.

Gemalte Vasen etc.
Kronleuchter in buntem Glase
— Ausstellung von *J. & L. Lobmeyr* in Wien.

Schreibtischgarnitur in Bronze — Ausstellung von *L. Böhm* in Wien.

Kaffee- und Theeservice in Silber — Ausstellung von *H. A. Granichstätten* in Wien.

Brunnen aus glasirtem Thon — Ausstellung der *Wienerberger Ziegelfabriks-Gesellschaft.*

Bronze- und Lederwaaren — Ausstellung von *Aug. Klein* in Wien.

Professor Sturm:

Thürfüllungen, Parapets u. s. w. im Hofpavillon.

Entwürfe zu Gravirungen und Malereien auf Glas — Ausstellung von *J. & L. Lobmeyr* in Wien.

Professor König:

Schmuckkasten (im Verein mit dem Docenten Hauser componirt und ausgeführt).

Tafelaufsatz in Silber, Punschbowle, Goldfischbecken — Ausstellung von *H. A. Granichstätten* in Wien.

Springbrunnen in Bronze — Ausstellung von *Jos. Grüllemeyer* in Wien.

Figuren, Reliefs etc. in der Kunsthalle.

Docent Hauser:

Lampen, Ampeln, Garnituren etc. in Bronze — Ausstellung von *J. Grüllemayer* in Wien.

Toilettengarnitur in Chinasilber — Ausstellung von *Conrätz & Reuter* in Wien.

Caminuhr und Girandolen in Bronze — Ausstellung von *Dziedzinski & Hanusch* in Wien.

Luster und Tischaufsätze in Bronze — Ausstellung von *S. Wand* in Wien.

Pianino und Flügel — Ausstellung von *Schweighofer & Söhne* in Wien.

Porcellanservice — Ausstellung von *Haas & Czizek* in Wien.

Decors für Service etc. — Ausstellung von *Alb. Denk's Wwe.* in Wien.

Formen und Decors für Gefässe in Steingut — Ausstellung von *A. Klammerth* in Znaim.

Formen und Decors für Glasservice etc. — Ausstellung von *Schreiber & Neffen* in Wien.

Freihammer, Schüler des Prof. Storck:

Zeichnungen für Gravirungen auf Glas — Ausstellung von *J. & L. Lobmeyr* in Wien.

H. Kühn, Schüler des Prof. Laufberger:

Trink- und Dessertservice mit Ornamenten in persischem Geschmack. Jagdservice — Ausstellung von *H. Ullrich* in Wien.

Marie Ritter, Schülerin des Prof. Storck:

Ornamente zu Trinkgefässen — Ausstellung von *J. & L. Lobmeyr* in Wien.

Schüler des Prof. König, u. zw.:

Josef Moriggl:

Holzschnitzereien für Bildhauer *Erler.*

Wilhelm Schmidt:

Zeichnung und Schnitzwerk für eine Saloneinrichtung in Ebenholz — Ausstellung von *Richard Ludwig* in Wien.

Anton Břenek:

Details eines Ausstellungsschranks für *S. Janowitz* in Brünn.

Michael Holl:

Ornamente zu einem Tafelaufsatz — Ausstellung von *H. A. Granichstätten* in Wien.

Laurenz Lhotto und Gustav Lind:

Ornamente für einen Uhrkasten im Kaiserpavillon.

Eduard Frank:

Ciselirungen für *Dziedzinski & Hanusch.*

Josef Raimaier:

Modelle für die Firmen *A. Klein* und *Dziedzinski & Hanusch.*

Johann Kuschmann (†):

Modelle für die Firmen *A. Klein* und *Dziedzinski & Hanusch.*

Heinrich Goldmann:

Gravirungen zu eingelegten Elfenbeinarbeiten — Ausstellung von *Richard Ludwig.*

August Kühne:

Modelle für die Firmen *A. Klein* und *J. Grüllemeyer.*

Carl Tappeiner:

Spiegelrahmen-Modell für *M. Klein.*

Ludwig Seitz:

Modell einer Schale für *M. Klein.*

Josef Krickler:

Modell einer Schale für *J. Grüllemeyer.*

Endlich ist für die Zeit der Weltausstellung in den Sälen IX und X (erster Stock) eine Sammlung von Zeichnungen und Aquarellen der Wiener Schule aus der Zeit von 1800 bis 1860 aufgestellt, als derjenigen Periode, welche weder in der Gruppe 23 der Weltausstellung (ältere Kunst), noch in der Gruppe 24 (Kunst der Gegenwart) Aufnahme finden konnte.

Die in derselben vertretenen Meister sind:

C. Agricola, F. Allemand, Jac. Alt, Rud. Alt, A. Altmann, Ammerling, Jos. Abel, Adam Bartsch, Frdr. Barbarini, Frdr. Bauhofer, Frz. Bittner, E. Brand, Fr. Brand, Jos. Binder, Baldauff, Daffinger, Al. v. Dallinger, Danhauser, Dobiaschofsky, B. Emler, Joh. Ender, Thom. Ender, J. C. Erhard, Peter Fendi, Jos. Führich, Füger, F. Gauermann, J. Gauermann, P. N. Geiger, A. Gerasch, Fr. Gerasch, Gerstmayer, A. Graff, J. Grassi, J. Grünling, Frz. Gruber, Carl Gselhofer, R. van Haanen, Hartinger, Heinrich, J. Höger, Horny,

Lor. Janscha, Jaschke, A. Kaiser, M. Kern, P. Kininger, W. C. Kininger, J. A. Klein, Kletzinsky, Klieber, Joh. Knapp, Kupelwieser, Ferd. Küss, Pet. Krafft, J. B. Lampi, J. Lang, J. Läntz, Lancedelli, Lehr, Leybold, Loder, Fr. Loos, J. G. Mansfeld, Carl Marko, Maurer, J. Merz, M. Molitor, E. Mössmer, Jos. Nigg, Nowopacky, Ferd. Ollivier, S. Perger, Pilizotti, C. A. Pettenkofen, Fr. Petter, Ranftl, J. Rauch, Jos. Rebell, Frz. Rechberger, G. Reinhold, Rieder, J. Rosa, Carl Russ, Leander Russ, Saar, Ed. Schaller, J. Selleny, Scheffer von Leonhardshoff, Scheffer, Al. Schindler, C. Schindler, P. Schindler, Schmidt (von Krems), Schmutzer, J. Schnorr, L. Schnorr, J. N. Schödlberger, C. Schütz, Jos. Schütz, Heinr, Schwemminger, Al. v. Schwind, Steinfeld, Steinle, C. Steinböck, Strassgschwandtner, J. Sutter, Traunfellner, F. Treml, C. Viehbeck, Waldmüller, Wegmeyr, F. E. Weirotter, Wildendel, Ernst Wolker, Jos. Zahradnik.

VERZEICHNISS DER ILLUSTRATIONEN.

(Sämmtliche Holzschnitte, bei welchen nichts anderes bemerkt ist, sind von F. W. BADER in Wien.)